LES CHANSONS D'AMOUR GUÉRISSENT LE CŒUR DU MONDE

DANIELA LUMBROSO
ET JOSEPH AGOSTINI

LES CHANSONS D'AMOUR GUÉRISSENT LE CŒUR DU MONDE

Robert Laffont

Ouvrage présenté par Nathalie Ferron

Conception de la maquette : © Laure Faucon

ISBN 978-2-221-26352-5
Dépôt légal : février 2023
Éditions Robert Laffont – 92, avenue de France 75013 Paris

À mes filles, mes chansons douces.
À Éric, ma plus belle histoire d'amour.

Daniela

Je dédie ce livre à Prescilia et Angela,
avec lesquelles j'ai tant parlé d'amour.

Joseph

Préface

Par André Manoukian

Le charme qui agit sur nos nerfs à l'écoute d'une chanson reste un mystère. Les savants ont beau étudier nos cerveaux pendant que nous écoutons la 5e de Beethov (ou « Tata Yoyo »), s'ils voient l'hormone du plaisir apparaître, ce n'est que la conséquence d'un phénomène. Quelle en est la cause ? Mystère… Comment un chanteur crée-t-il un tube ? Mystère… Non seulement il a du mal à décrire son processus de création, mais il peut parfois penser que le grand public ne se sentira pas concerné : ce fut le cas pour « Mistral gagnant », que Renaud jugeait trop intime, qu'il ne sortit que sous la menace de sa femme Dominique, et qui fut pourtant élue chanson préférée de tous les temps des Français en 2015. Qu'est-ce qui fait jaillir nos larmes, hérisser nos poils, frissonner notre épiderme ? Mystère encore… La musique reste le dernier espace sacré dans nos sociétés déritualisées.

Eh bien pour la première fois, exemples à l'appui – oh, le plaisir de relire les *boum* et les *bang* qui agitent le cœur blessé de Gainsbourg sous l'effet d'un boomerang –, pour la première fois, on se balade avec deux guides érudits et sensibles qui nous ouvrent les yeux sur ce à quoi on n'a prêté qu'une oreille distraite, qui nous ouvrent les oreilles sur une rengaine que l'on n'écoutera plus jamais de la même manière, qui nous disent que, peut-être, cet art mineur, ces chansons populaires parfois décriées par les hipsters – pour être aussitôt adulées par les mêmes –, ces petites ritournelles peuvent engendrer la grande ritournelle du monde, et qu'après tout, les histoires des chansons, c'est l'histoire des hommes en temps de paix, et que toutes ces chansons d'amour mises bout à bout nous donnent à palper l'amour avec un grand A, celui qui n'est jamais mieux décrit que par les saltimbanques, les intermittents du spectacle, les charmeurs de serpents, les envoûteuses et les bonimenteurs en tous genres, ceux qui nous font croire que oui, le grand amour existe, qu'il peut nous prendre au coin de la rue, et ma foi, sans eux, la vie serait bien triste…

Introduction

François Truffaut prétendait qu'elles disaient la vérité ; Arthur Rimbaud adorait leur parfum indéfinissable, entre la rose et l'asphalte. Les chansons populaires ont la « couleur du temps ». Écoutez-les et vous pourrez entendre tout ce que recèle une société à un moment de son histoire. Avec des mots simples, parfois même déconcertants de clarté, la chanson nomme une émotion. Elle peint au fusain un lieu familier de tous, un passant que nous avons eu le sentiment de croiser la veille, une odeur de notre enfance qui ressuscite magiquement, à peine les trois premières notes de musique esquissées… C'est un cri de passion, de révolte ou de ralliement, un refrain qui va se faufiler dans toutes les bouches. Les chansons, ces prières de trois minutes ! Comme elles sont nées dans les rues, nous n'avons aucun mérite à les connaître par cœur. Bon nombre d'entre nous ont même honte d'en aimer certaines. Lâches, ils taisent leurs penchants en assurant préférer le jazz et l'opéra… Alors que, le soir venu, à l'heure où il n'y a personne pour les regarder, ils se déhanchent sur le tube du moment ou méditent sur un vieux standard de variété, en s'étonnant de vivre une telle expérience émotionnelle avec un morceau de petite vertu.

Tel est le sort injuste de bien des mélodies. Mais qu'à cela ne tienne. La chanson populaire n'a que faire de sa mauvaise réputation. Elle sait que ses aficionados l'érigent en œuvre d'art et que bon nombre d'entre nous ne pourraient se passer d'elle. Elle sait aussi qu'il y a un domaine dans lequel personne n'oserait contester sa suprématie, un domaine qui révèle toute sa puissance, pareille à un oracle : l'amour. À ce jeu-là, les chansons populaires exercent un charme magnétique ancestral. Elles se déploient pour incarner le vertige addictif d'une passion, la cruauté d'un destin, la magie d'une rencontre, le déchirement d'un départ… Elles bâtissent leur empire sur la peur du vide. Elles savent, mieux que personne, marcher sur le fil du manque et des regrets. Dans les voitures, le volume à fond, dans les salles de bains aux échos mensongers, dans les lits aux draps mouillés de larmes, les chansons d'amour règnent. Dieu comme elles soulagent ! C'est sans doute pour leur effet antalgique immédiat que nous les aimons tant, car en plus d'être reines, elles sont des infirmières attentives. Elles soignent nos blessures, posent des baumes d'espérance sur nos âmes endolories. Quand elles attisent nos angoisses, c'est pour nous aider à les formuler, à border de mots ce qui nous assaille.

Nous avons demandé à une foule de personnes, connues et inconnues, de simplement nous raconter leur histoire d'amour particulière avec une chanson. Nous pouvons dire que Biolay ne s'y est pas trompé : il s'agit toujours de peine, de chagrin d'enfance, d'adolescence difficile, de deuil impossible. La fonction thérapeutique de la chanson n'est pas à négliger dans ce monde à la réalité cinglante, qui n'autorise aucun ratage, aucune fêlure. Elles ont beau être profanes, les mélodies d'amour sont des cathédrales d'humanité. Nous verrons à quel point elles jalonnent les vies, apparaissent aux moments charnières, se dégainent dans les mariages et les enterrements. Il s'agit en fait d'armes de pointe. Inoffensives ? Détrompez-vous. Diablement efficaces. Dire quelle chanson d'amour on préfère, et pourquoi, c'est dévoiler beaucoup plus que ce que l'on imagine. Freud comparait l'âme humaine à un diamant qui, quand il explosait, montrait ses lignes de faille, imperceptibles à l'œil nu. La chanson percute le diamant à un endroit précis. Jamais tout à fait le même. En volant en éclats, la pierre précieuse se montre nue, dépouillée de tous ses artifices. La chanson a alors atteint sa cible : le cœur pur et sacré des larmes. Le Graal de tous les artistes.

L'air dans les poumons, au moment de l'expiration, passe par la trachée, traverse le larynx et est expulsé par la bouche quand le voile du palais s'abaisse : ainsi naît la voix, dont la mélodie fut le premier lien affectif entre soi et le monde. En ce sens, tous les chants ne font que succéder à la voix de la mère, celle des premières berceuses, des premières comptines.

Avec « Histoire d'amour », son titre si plein de sonorités africaines, Gaël Faye dit combien l'amour guérit de l'obsolescence et de son cortège d'habitudes, de lassitude, de fatigue d'être nous-mêmes. Dans ce livre, nous allons partir à la rencontre des orfèvres de la scène française, qui luttent chaque jour, à leur manière, contre l'obsolescence de nos cœurs. Nous nous intéresserons à de nombreux titres entrés dans la légende. Pourquoi eux et pas d'autres ? Intrigue de l'inconscient sans doute. Intuition personnelle, prédestination peut-être... Le dadaïsme, disait avec malice Francis Picabia, c'est la rencontre fortuite, sur une table à repasser, d'un parapluie et d'une machine à coudre. Et une chanson d'amour entrée dans la mémoire du peuple, de quelle rencontre fortuite est-elle le fruit ? Pour Julien Clerc, une chanson qui touche les cœurs est une chanson qui possède la grâce. Le principe de la grâce, c'est de ne pas savoir comment on la fabrique, comment elle se crée. La chanson véhicule un message d'inconscient à inconscient. Parfois, elle répond exactement à notre problématique du moment, en apaisant nos peines. Elle pose des mots sur les blessures de l'âme. Il nous arrive de vivre une situation anodine… et, sans savoir pourquoi, un refrain surgit, nous interpelle. Que dit-il de nous ? Elle est curieuse, cette propension que nous avons tous à écouter des chansons déprimantes lorsque nous sommes malheureux. Si Daniel Auteuil décide de se lancer dans la chanson après un demi-siècle de théâtre et de cinéma, c'est « parce que l'émotion du texte déborde » et qu'il éprouve la nécessité de mettre des poèmes en musique. « Je chante parce que j'ai le cœur trop plein d'émotions. C'est un poète, Paul-Jean Toulet, qui m'a donné envie d'écrire à mon tour. Et je me suis finalement aperçu que les mots ne suffisaient pas, que j'avais besoin de rajouter de la musique. Quand on est triste et qu'on a un chagrin d'amour, on a une espèce de volupté à pleurer en même temps que l'autre chante et nous raconte son histoire triste », explique l'acteur. Dans une œuvre d'art qui touche au cœur, l'intime devient universel. « La mélancolie est un crépuscule. La souffrance s'y fond dans une sombre joie. La mélancolie, c'est le bonheur d'être triste[1] », murmure aussi Victor Hugo à l'oreille de ceux qui l'écoutent.

Voyez la lecture de cet ouvrage à quatre mains comme un voyage dans le temps et dans le sentiment,

1. Victor Hugo, *Les Travailleurs de la mer*, 1866.

sur des airs de musique parfois faciles, mais toujours nécessaires contre l'obsolescence dont parle Gaël Faye. Lorsque la nostalgie recouvre les mondes d'avant, elle leur donne une couleur ocre sublime. Et c'est peut-être cette couleur particulière que nous recherchons à travers les chansons d'amour.

DANIELA : « LA CHANSON M'A SAUVÉ LA VIE »

J'ai dix ans. Ne me laissez pas rêver que j'ai dix ans. Je suis une petite fille sans joie. Nous vivons au soleil, à Abidjan, en Côte d'Ivoire. Les années 1970 se déroulent avec légèreté. Mes parents sont beaux, jeunes, élégants, bronzés. Ils font la fête tous les soirs, ils ont beaucoup d'amis. Je n'aime pas leurs amis, surtout celui qui essaye de nous embrasser sur la bouche, ma sœur Valeria et moi. Je ne parle pas beaucoup, je n'exprime pas grand-chose, mon regard est triste, presque vide. Ce regard, il m'accompagne depuis mon plus jeune âge. Je le vois sur toutes mes photos d'enfance. Mes parents se sont mariés à vingt ans. En ce début des années 1960, c'est pour eux le seul moyen de partir, de s'extraire de leur famille, de leur milieu. L'année de mes trois ans, ils quittent la Tunisie de leur enfance pour s'installer en banlieue parisienne. Maman travaille, à la différence des autres mamans que nous connaissons. Ma sœur et moi rentrons de l'école en nous tenant la main, sans adulte pour nous accompagner. Nous avons respectivement six et trois ans. Nous habitons dans une résidence de banlieue. Lorsque, dans la soirée, nos parents reviennent, nous allons nous coucher. Pour leur génération, l'enfant n'est pas tout à fait une personne. Il pousse comme il peut, entre des instituteurs autoritaires, qui n'hésitent pas à donner des coups avec une règle cubique en bois, et des adultes trop occupés. C'est la mode des perruques, ma mère en possède une. Je la lui emprunte et j'imite Sylvie Vartan quand elle entonne « Comme un garçon ».

Je m'applique à copier sa voix grave, sa moue boudeuse et ses chorégraphies. Ce « Je ne suis qu'une fille » ne choque encore personne, et je fais rire mes parents. Soudain, je vibre, je vis. C'est la chanson de Sylvie qui me fait exister dans leur regard. Éprise de liberté et féministe avant l'heure, ma mère m'entraîne tout naturellement dans les manifestations de Mai 68, me prenant sur ses épaules pour défiler dans les cortèges. « Jouir sans entraves » était le slogan de sa génération. Mes parents s'aiment et découvrent la liberté. Pour ces enfants de la guerre qui entrent dans les Trente Glorieuses, il est temps de vivre enfin. Ils s'aiment et se déchirent. Les cris sont notre quotidien. Pour mes dix ans, ma sœur m'offre *Les Contemplations*, le livre de Victor Hugo, dans une édition reliée. L'un des plus beaux cadeaux de ma vie.

Erik Orsenna, de l'Académie française, expliquait au micro de Leïla Kaddour sur France Inter que la chanson lui avait ouvert les portes de la poésie : « Mon père et ma mère ne s'entendaient pas, mais ils aimaient tous les deux la chanson. J'ai été élevé dans l'amour de la chanson. Mon amour fou de la langue est toujours venu avec une musique. Des poètes mis en musique par Léo Ferré, Brassens… Dès le début, ma langue était la tendresse de mes parents, et en même temps une musique. Pour moi, ça résonne toujours. Il y a toujours une musique, dans le moindre mot. Proust, Stendhal… Ces musiques peuvent être différentes mais j'ai toujours l'impression de chanter[1]. » C'est donc à la chanson française qu'Erik Orsenna doit son épée d'académicien. Je dirais pour ma part que j'ai fait le chemin inverse : la poésie m'a menée à la musique. D'abord les mots, leur force, leur puissance, puis les vers, leur douceur, leur musique… Et enfin, la chanson française, ce mélange unique au monde.

J'ai onze ans, je vais au collège de Cocody, à Abidjan ; le proviseur nous interdit de porter des pantalons pattes d'éléphant, arguant qu'un pantalon doit être large en haut et étroit en bas. Après les cours, toujours solitaire, je passe des heures sur mon lit à relire *Les Contemplations* et

1. *La Bande originale*, France Inter, février 2022.

je pleure la mort de Léopoldine. Victor Hugo écrit les quatre volumes de ce recueil de poèmes entre 1830 et 1854. Sa fille Léopoldine se noie accidentellement en 1843. Le livre est construit en deux parties : « Aujourd'hui » et « Autrefois », avant et après le drame qui touche la famille Hugo. Je déclame avec un mélange de tristesse et de jubilation : « Elle avait pris ce pli », sorte d'oraison funèbre qui commence par l'énumération des bons moments passés en famille. « Elle avait pris ce pli dans son âge enfantin / De venir dans ma chambre un peu chaque matin ; / Je l'attendais ainsi qu'un rayon qu'on espère ; / Elle entrait, et disait : Bonjour, mon petit père. »

Je me souviens de ces lignes et m'aperçois que ces vers sont omniprésents, quelque part, au fond de moi. Ce « Bonjour, mon petit père », cette complicité entre père et fille, ces vers d'une infinie douceur apaisent ma solitude. Mes parents sortent très souvent, mais lorsque nous sommes ensemble, le dialogue est ouvert. J'ai avec mon père une complicité évidente. Nous échangeons beaucoup. Il me parle du dictionnaire qu'il lisait chaque jour dans son enfance. Nous chantons à deux voix « Colchiques dans les prés » ou « De l'amour », que Dalida interprète en duo avec son compagnon Richard Chanfray, *alias* le comte de Saint-Germain.

Entre deux voyages, entre deux sorties, mon père m'emmène dévorer la quasi-totalité des gâteaux de la boulangerie du Plateau, dans le quartier central d'Abidjan. Nous allons à la plage où, inconscient du danger, papa nous fait « passer la barre », une sorte d'immense raz-de-marée de plusieurs mètres de hauteur, pour nager en pleine mer sans gilet ni bouée. « Mes deux frères et moi, nous étions tout enfants. Notre mère disait : jouez mais je défends / Qu'on marche dans les fleurs et qu'on monte aux échelles », écrivait Hugo dans son poème « Aux Feuillantines ». Défendre qu'on monte aux échelles… Cette mère protégeait ainsi ses enfants des dangers du quotidien… Cette pensée bouleverse la petite fille que je suis alors. À Abidjan, nous sommes livrées à nous-mêmes, ma sœur Valéria et moi.

Un jour, je m'aventure avec une amie dans la brousse attenante au jardin familial. Nous descendons vers la lagune, avec l'idée saugrenue d'y prendre un bain, ce que personne n'a jamais encore fait dans notre entourage. Arrivées dans le marécage, nous voilà attaquées par des fourmis magnans, énormes et carnivores, qui entreprennent aussitôt de nous dévorer. À la hâte, nous nous arrachons l'une l'autre les insectes affamés, en leur laissant quelques lambeaux de peau des bras et du dos. Nous remontons, ensanglantées, sans que personne ne fût jamais informé de notre mésaventure.

Il arrive aussi que l'on m'oublie à l'école ou au cours de piano situé au conservatoire de Bingerville, à une quinzaine de kilomètres de chez moi. À sept ans, après deux heures d'attente en pleine nuit noire et sous une pluie tropicale, je me décide à faire du stop, sans connaître mon adresse. Je me souviens de ces voitures lancées à grande vitesse avec leurs essuie-glaces à fond et leurs pare-brise trempés. Aucune ne s'arrête. Je me mets au milieu de la chaussée. Un homme finit par ralentir. Je cours vers lui, monte dans son véhicule. Je lui demande de se diriger vers la ville en pensant que je finirai par reconnaître les rues menant à mon domicile. Heureusement, ce sera le cas. J'arrive trempée, paniquée.

Le téléphone n'est pas encore entré dans les usages, et l'époque est à l'apéro improvisé. Chaque soir, des amis de mes parents passent prendre un verre. Ce jour-là, ma mère sirote un whisky en bonne compagnie sur la terrasse. Je me précipite vers elle en larmes et la réponse ne tarde pas : « Je t'ai déjà dit ne pas m'interrompre quand je parle. » Une gifle fuse. Heureusement, Victor Hugo m'attend dans ma chambre.

À l'aube de mes douze ans, je vis toujours à Abidjan et je n'ai encore ni télévision ni radio. Quelques chansons nous parviennent, chantonnées par mes parents. « Tu m'as déçu chouchou » est le tube de l'année 1972 à Abidjan. Un titre de Dr Nico

Kasanda, star congolaise de la musique et précurseur du soukous, guitariste émérite que Jimi Hendrix lui-même était venu applaudir lors d'un de ses passages à Paris. Je connais ce refrain par cœur. Il m'amuse, me fait danser, et me laisse entrevoir la joie et l'euphorie du monde de la nuit, ce monde que mes parents fréquentent le soir alors qu'ils me laissent seule avec mon désespoir… Mais quand mon père rentre de voyage, il a des cadeaux plein les bras : des poupées, une machine à coudre et, un beau jour, quatre quarante-cinq tours. « Je suis allé au Drugstore à Paris et j'ai demandé pour toi les trois premiers disques du hit-parade », me dit-il. Je suis fascinée. Michel Sardou, Michel Delpech et Mike Brant (tiens, il ne s'appelle pas Michel celui-là. Mike, c'est un diminutif ?). Je pratique alors la danse classique, avec une trentaine de petites filles et deux garçons. Quand on danse bien, on a droit à un solo, avec un « porté ». Je suis amoureuse de Gilles, l'un des deux garçons, et je travaille dur mes pointes… J'obtiens un rôle dans *Le Lac des cygnes* pour le gala de fin d'année et un tutu avec trois rangées de tulle. Gilles m'embrasse sur la bouche. Puis plus rien. Je ne le reverrai plus. Gilles disparait mais Mike Brant s'égosille sur mon tourne-disque : « Rien qu'une larme dans tes yeux… »

Justement, je pleure toutes les larmes de mon corps en écoutant la chanson. Des centaines de fois sûrement.

Et enfin, Barbara entre dans ma vie. Un disque trente-trois tours : *Le Mal de vivre*. Sur ce vinyle de 1965, « Une petite cantate », « Göttingen », « La solitude ». Les premières chansons dont elle est l'auteure. En 1961, Barbara vit une passion orageuse avec Hubert Ballay, haut fonctionnaire en poste à… Abidjan. Leur love story dure jusqu'en 1962. Barbara souffre de la distance qui la sépare de l'homme qu'elle aime et de ses allers-retours entre la France et l'Afrique. Elle griffonne sur son cahier d'écolière dans l'avion qui la ramène vers Paris : « Déchirée, je nous sépare encore une fois. » Une petite musique, quatre phrases… Puis, elle déchire ces pages, comme chaque fois qu'elle compose une chanson, s'y remet, et écrit enfin « Dis, quand reviendras-tu ? ». Jusque-là, l'artiste n'est qu'une interprète. Brel, Brassens et quelques autres lui permettent de monter sur scène et d'enregistrer des albums. « Dis, quand reviendras-tu ? » est son premier succès personnel. C'est un tournant décisif dans sa carrière. « Les chansons d'amour étaient quelque chose que je ne pouvais pas toucher, des chansons écrites par des hommes, et ce n'est pas comme ça que j'avais envie de parler d'amour[1] », expliquera-t-elle à la télévision.

Lorsqu'on lui demande de qui est ce texte, elle élude, ne répond pas. Elle n'assume pas en être

1. Interview de Barbara par Denise Glaser, *Discorama*, RTF, 1er avril 1962.

l'auteure. Un jour, pourtant, elle l'enregistre et avoue. C'est le début d'une œuvre, de dizaines de chansons, plus belles les unes que les autres. Barbara découvre donc l'écriture parce qu'elle a besoin de chanter la rupture et le chagrin. Une chanson d'amour soigne le cœur de son interprète avant de guérir le cœur du monde.

Cet hymne à la renaissance panse mon cœur et m'enseigne la résilience : il existe d'autres soleils. La solitude, celle qui me hante, me poursuit et m'habite depuis ma plus tendre enfance, n'est pas la fin de l'histoire. Je peux moi aussi ne pas être de celles qui meurent de chagrin. À douze ans, je le sais : je n'aurai pas la vertu des femmes de marins.

JOSEPH : « DES CHANSONS TOUT AU LONG DE MA VIE »

Mon premier lien avec la chanson remonte à mes deux ans et demi. Mes parents viennent d'emménager aux portes de Bastia, dans la petite résidence Albitreccia, avec ses vertes pelouses idéales pour élever un enfant. Ma mère, enseignante, s'organise pour avoir des emplois du temps compatibles avec les horaires de la petite école dans laquelle je fais ma première rentrée, au cœur du quartier Paese Novu (« ville nouvelle » en Corse). Elle m'y accompagne tous les matins à bord de sa minuscule R5 rouge, qui dévale les petites routes encore mal goudronnées de ce coin de Bastia. Je suis l'aîné de la famille. Mon frère et ma sœur ne sont pas encore là, même si mes parents ont déjà le projet d'agrandir la famille. Ma mère a alors à peine vingt-six ans et redoute au moins autant que moi l'idée de devoir me laisser quelque part, des journées entières. Elle se dit que son lycée n'est pas loin, qu'elle me garderait volontiers un jour par semaine à la maison… Même si l'école maternelle est un lieu chaleureux, elle ne parvient pas à s'y faire. C'est plus fort qu'elle. Mon père, un jeune trentenaire, aime profiter de ses quartiers de liberté et n'est pas vraiment homme à la consoler au quotidien.

Inconsciemment, je crois que ma mère aurait bien voulu retarder l'échéance de cette inévitable séparation. « Deux ans et demi pour aller à l'école, c'est très jeune quand même ! » n'en finit-elle pas de répéter au pédiatre, qui l'encourage pourtant à dépasser ses craintes : « Il faut arrêter de stresser ce petit, madame. » Alors, comme son métier la contraint, comme les emplois du temps d'une enseignante ne sont pas aménageables à volonté, elle se résout à me scolariser. Nous sommes tous les deux très tristes et désabusés. Inconsolables. L'institutrice, Mme Garbarini, et les assistantes maternelles ont beau nous rassurer, rien n'y fait. Chaque arrivée à la maternelle se solde par un gros chagrin de ma part. Or, un matin, alors que ma mère me prépare pour m'amener à l'école, j'entends la chanson de Gilbert Bécaud dans le poste de radio. Je suis très petit mais, croyez-moi ou non, je me souviens avec précision de cet instant, dans cette cuisine en Formica de l'époque.

Je n'ai pas dû comprendre grand-chose au sens du texte, mais ce qui est sûr, c'est que Bécaud m'a fait un drôle d'effet en répétant « Je reviens te chercher », l'air ému, comme s'il en allait de sa vie. Des chansons, j'en connais déjà beaucoup. Surtout celles de Chantal Goya et de Dorothée, les idoles des enfants de l'époque. Mais aucune ne me marque autant que celle-ci. Ce jour-là, quand mon institutrice me demande calmement de rejoindre la classe maternelle et de lâcher la main de ma maman, je me mets à pleurer à chaudes larmes.

— Joseph, arrête de pleurer. Je reviens tout à l'heure, me murmure ma mère.

— Comme le monsieur de la radio ?

— Quel monsieur ?

— Celui qui chante « Je reviens te chercher »…

Toute la matinée, et les jours suivants, je me rassure en pensant que si un chanteur promet à quelqu'un de revenir, ma maman ne se volatiliserait pas dans la nature. Ainsi, Gilbert Bécaud m'aidera à traverser ce tourment d'enfant unique en quête de réconfort musical.

Dix-sept ans plus tard, nous sommes en 1997. Je connais peu et mal Dalida jusqu'au jour où je mets un CD d'elle avant d'aller sous la douche. C'est un dimanche, au milieu du 17e arrondissement de Paris, dans un tout petit studio. Je suis alors étudiant, j'ai quitté ma Corse natale quelques mois auparavant, habité d'une nostalgie que seuls les exilés connaissent. Mes amis de Bastia me manquent énormément et je ne m'habitue pas à la vie dans la capitale, faite d'agitation, de stress et d'incertitudes. Ce CD de Dalida, ma cousine me l'a refilé parmi d'autres en me disant ne plus en vouloir. Cette chanteuse est pour moi une grossière caricature du monde du spectacle, et je ne me la figure pas autrement qu'avec un horrible strabisme et une perruque blonde sur la tête. Le CD commence par ses chansons au rythme disco. Sa reprise d'« Avec le temps » de Léo Ferré ne vient qu'après la déferlante. Du haut de mes dix-neuf ans, je crois alors que la chanson a été écrite par Jacques Brel !

Ce dimanche-là, dans ce Paris qui m'est alors si hostile, je reste ahuri devant la puissance de l'interprétation de Dalida. Elle me semble contenir tant de vérités partageables. La chanteuse devient le texte, s'en empare avec une justesse qui me touche infiniment. À travers cette voix de Calabre, je retrouve celle de ma mère, de ma grand-mère, mais aussi de ma tante Sandra, qui écrase ses Gauloises dans un cendrier de Cervioni, mon village paternel, sur les montagnes de l'île. Dalida représente une Méditerranée rêvée, qui donne un relief à la fois majestueux et oriental au poème de Ferré. J'ai honte d'avoir, toute mon adolescence, considéré cette immense artiste comme une starlette de seconde zone. Elle devient alors l'une des plus grandes muses de mon panthéon personnel. Bien plus tard, j'écrirai le premier essai psychanalytique sur la chanteuse populaire, *Dalida sur le divan*[1]. Léa Veinstein me consacrera un épisode de sa série *Dalida et moi* sur Arte, dans laquelle écrivains et philosophes, tels que Jean-Luc Nancy ou Abdellah Taïa, évoquent l'artiste, si déconsidérée de son vivant. Je n'étais soudain plus seul dans ma salle de bains à constater le génie extralucide de son interprétation.

Faisons encore un saut dans le passé pour comprendre le présent. En 1998, j'ai vingt ans et je fais un séjour linguistique à Londres pour parfaire un anglais absolument désastreux. J'emporte un walkman à cassettes dans mes bagages. Alors que mes amis adorent Daft Punk et Jamiroquai, je prends le temps de découvrir le répertoire de Julien Clerc. La chanson « Utile », que le parolier Étienne Roda-Gil lui a écrite, me fascine. « À quoi sert une chanson si elle est désarmée ? »

1. Paris, Albin Michel, 2017.

Je n'ai pas la réponse. Dans le réfectoire du centre qui nous accueille, je fais la connaissance de mon premier grand amour, Caroline, un jour de carnaval. Elle veut me grimer en Auguste mais refuse de se déguiser. Elle porte ce jour-là un foulard pourpre autour du cou, parfumé à l'Opium d'Yves Saint Laurent. Sa beauté et sa distinction naturelle me frappent. Les autres, à côté d'elle, m'indiffèrent. Le soir, au lieu de nous rendre au réfectoire, nous restons souvent dans sa chambre. Nous cuisinons des pâtes, que Caroline égoutte dans une passoire bleue mémorable.

Après dix jours d'immersion dans cette Angleterre que nous abhorrons elle et moi, nous rejoignons nos lieux de résidence respectifs : Paris et La Seyne-sur-Mer. À la toute fin du séjour, je lui offre ma cassette de Julien Clerc. Elle me donne son foulard et sa passoire en échange. Nous comprenons la valeur hautement symbolique de ce troc. Comment, dès lors, se passer l'un de l'autre ? Nous brûlons d'envie de nous revoir mais savons au fond de nous que cela ressemblerait à un amour d'été, sans conséquence. Il faut regarder vers l'avenir. Caroline reprend ses études de lettres et je continue mes pérégrinations parisiennes.

Un matin pluvieux d'automne, je reçois un pli postal du sud de la France. Il s'agit de ma cassette de Julien Clerc, que Caroline tient à me rendre sans me réclamer sa passoire et son foulard. La cassette est accompagnée d'une longue lettre, qui fait référence à *Belle du Seigneur*, le si beau roman d'Albert Cohen : « Je l'ai longtemps cru mais je ne suis pas Ariane et tu n'es pas Solal. Je pourrais te dédier les paroles de "Fais-moi une place", car j'aimerais que l'on existe l'un pour l'autre, que tu me fasses une place dans ta confiance et que l'on se souvienne de cette belle histoire. »

Nous nous reverrons, Caroline et moi, des années plus tard. Et elle deviendra la mère de mon enfant.

Première partie

LA MUSIQUE ADOUCIT (VRAIMENT) LES MŒURS

Les études le prouvent, sans laisser de place au doute : le lyrisme musical est d'abord une affaire de flux hormonal. Le système limbique – la partie de notre cerveau qui régit nos émotions – est actionné. Il fonctionne à la récompense, avec l'intervention maîtresse de la dopamine, l'hormone qui est à l'origine de l'euphorie. Celle-ci est capable de nous faire oublier nos états de fatigue, de nous propulser en moins de temps qu'il faut pour le dire sur les cimes de l'enthousiasme et de la motivation. Une musique énergisante le matin pendant la douche peut ainsi faire toute la différence en matière de perception de soi-même ; le cerveau embrumé du réveil laisse place à des neurones mobilisés, d'attaque pour la journée de travail. « Je chante sous la douche alors que j'ai quand même l'antitalent de chanter très, très mal. Seulement, la voix dans la salle de bains s'amplifie, et je pourrais presque croire que j'ai un joli timbre ! Ainsi, chanter me met en forme », constate Johanna, trente-sept ans, qui a viscéralement besoin de ce temps de leurre matinal.

UNE HISTOIRE DE CIRCUIT DOPAMINERGIQUE

Un emballement de la dopamine

Dans « Rail de musique », Stromae réclame sa dose. La note est sa « weed », « sa coke ». Ni plus ni moins. Cela peut sembler disproportionné, mais à bien y réfléchir, quand la musique va jusqu'à provoquer des frissons, cela signifie que le shoot de dopamine est tel qu'il emballe littéralement l'activité de notre cortex orbitofrontal. Les émotions sont donc toutes concernées par cet orage musical qui s'abat sur notre tête. Pour le meilleur !

Le lobe temporal droit, responsable du traitement auditif, est lui aussi dans tous ses états. L'extérieur le stimule comme jamais. Il est tout ouïe, résolu à ne pas perdre une miette de ce vertige. Quant à l'aire motrice supplémentaire, à l'origine de nos mouvements, elle est aussi bouleversée par cette libération massive de dopamine, qui parfois survient de manière complètement inattendue, au hasard d'une chanson à la radio ou d'un morceau écouté à l'improviste dans une boutique. Cette mobilisation physique explique les légers tremblements et clignements de paupières qui peuvent accompagner certaines écoutes particulièrement intenses. Les jambes flageolent, les poils se hérissent… Le corps tout entier ressent cette fièvre auditive.

Écouter de la musique crée un feu d'artifice d'émotions positives, un déluge de bonnes ondes. La plupart du temps, on enchaîne avec une autre chanson, pris d'une envie de faire durer le plaisir. « C'est comme un volcan dans ma tête », chante Calogero, renouant avec l'immense, le long et raisonné dérèglement de tous les sens qu'évoque Arthur Rimbaud dans ses *Correspondances* : « Toutes les formes d'amour, de souffrance, de folie ; [le poète les] cherche lui-même, il épuise en lui tous les poisons, pour n'en garder que les quintessences […]. Du reste, toute parole étant idée, le temps d'un langage universel viendra ! […] Cette langue sera de l'âme pour l'âme, résumant tout, parfums, sons, couleurs, de la pensée accrochant la pensée et tirant. » Comme le prince des poètes, Calogero utilise ses propres mots pour dire ce que les notes créent dans sa tête dans sa chanson *Je joue de la musique*.

L'entendement glisse alors sous le joug irrépressible d'une dictée intérieure, que l'on s'appelle Calogero ou Rimbaud. Pourvu qu'il y ait de la ferveur, de la jubilation. Ce sont ces émotions positives qui donnent envie de bouger, de danser. De vivre !

Parfois, cette explosion de bonheur est si forte qu'elle nécessite que l'on s'y arrête. L'écoute de la musique se suffit à elle-même. On ne peut pas faire autre chose, penser à son agenda, continuer une conversation. Elle nous cloue au sol ! « Quand j'ai entendu Michel Berger pour la première fois à la radio, j'ai dû couper le moteur de ma voiture pour l'écouter ! La chanson s'appelait "Attends-moi" », racontait France Gall dans l'émission *La Fête de la chanson française*[1]. C'est toute la différence entre les verbes « entendre » et « écouter ». Le premier induit une forme d'attention flottante tandis que le second implique une concentration. La chanteuse a littéralement été cueillie par l'émotion musicale. Au son de la voix de celui qui deviendra son compagnon de vie et de scène, elle ne parvenait plus à conduire et à écouter en même temps, elle se devait d'être entièrement disponible à la sensation, à la rencontre. C'est ce qui s'appelle faire silence, être là pour l'autre, lui accorder vraiment du temps et ne pas faire semblant. Ne pas fuir en fin de compte. Et rien de tel que de tomber amoureux d'une voix pour s'abandonner à celui qui la possède.

1. *La Fête de la chanson française révise ses classiques*, France 2, 18 avril 2015.

Avec « Quelques mots d'amour », quand il se rendait compte qu'il manquait quelqu'un près de lui, des années plus tard, Michel Berger semblait répondre à France Gall. Parfois, une chanson à la radio vient occuper une place au même titre qu'une personne assise à l'arrière de la voiture. Elle nous guide et nous donne envie de réitérer l'expérience, encore et encore. La dopamine n'est pas appelée l'hormone de la récompense pour rien. Elle est capable de créer un circuit infini de bien-être. Issue du poème de Louis Aragon « Prose du bonheur » et d'« Elsa », la chanson de Jean Ferrat « Que serais-je sans toi ? » dépeint, en quelques strophes, ce « frisson » de l'amoureux, qui entraîne nécessairement une dépendance.

J'ai tout appris de toi comme on boit aux fontaines
Comme on lit dans le ciel les étoiles lointaines
Comme au passant qui chante on reprend sa chanson
J'ai tout appris de toi jusqu'au sens du frisson[1]

Le « sens du frisson »... De quoi parle Aragon, exactement ? Et si c'était du *skin orgasm*, ce phénomène étudié par les scientifiques depuis quelques années ? Ce frisson orgasmique, générateur d'états mentaux euphorisants, est à l'origine de toutes les formes d'addiction, aux réseaux sociaux par

1. « Que serais-je sans toi ? », (Poème d'Aragon – musique de Jean Ferrat), 1964, © Productions Alléluia-Gérard Meys.

exemple, quand nous prenons l'habitude de vérifier cent fois dans la journée si nos photos bénéficient d'un nombre de likes suffisant à notre goût. Les études montrent que l'influx dopaminergique y est directement associé[1]. Nous allons quémander un peu d'extase ! Même si celle-ci n'est pas un besoin primaire, comme la nourriture ou le sommeil, elle peut devenir indispensable à la longue…

Selon le Pr Zatorre, de l'Institut neurologique de l'université McGill au Canada, la musique est un excellent vecteur de *skin orgasms*, et nous serions 70 % à l'avoir déjà ressenti par cet intermédiaire. La mémoire joue un rôle capital dans ce phénomène. Le cerveau fait en permanence des liens entre ses expériences du présent et les images mentales qu'il contient. C'est ainsi que nous aurons tendance à écouter le même morceau de musique de façon compulsive s'il a provoqué, même une fois, un emballement de la machine dopaminergique. « Quand j'adore une chanson, je l'écoute plusieurs fois en pensant à plusieurs choses différentes, plusieurs personnes, plusieurs lieux… C'est une sorte de panorama mental. Aucune écoute ne ressemble à une autre. Et pourtant, c'est le même morceau ! Je peux le mettre cent fois, mille fois

1. « Le *skin orgasm*, ou pourquoi certaines personnes sont plus sensibles à la musique que d'autres ? », Parabellum, 2019.

peut-être, sans me lasser à aucun moment. C'est assez fou », poursuit Johanna. Notre cerveau sait alors où se situe son plaisir et tend à y retourner sans modération. La musique déclenche des images de bonheur, d'amour, de joie, de fête... Comme une véritable machine à chanter. Et le cerveau en devient « accro ».

Le plaisir est carnivore, il réclame sa part, toujours plus grande, à mesure du repas de la veille. Si on habitue nos cerveaux à des festins de dopamine, ils ne concèdent plus aucun manque. « Si un jour je me flingue / C'est à toi que je le devrais », prévient Gainsbourg dans sa chanson « Boomerang », façon d'indiquer où se terminent les amours sous le sceau de la dépendance. Méfions-nous des drogues invisibles ! Mais ne considérons pas immédiatement l'aspect négatif de cet engrenage. L'addiction à la musique peut aussi et surtout nous permettre de soulever des montagnes : une étude de la Southern Connecticut State University a prouvé que des athlètes dopés au son de leur choix avant une épreuve sont plus performants et ont tendance à davantage gagner les championnats que les autres. C'est l'effet « douche en musique » sur une piste d'athlétisme ! Combien d'hommes politiques se « shootent » à leur chanteur ou leur compositeur favori avant un meeting, dans cet irrésistible besoin de se galvaniser ? Dans les coulisses du pouvoir, Jacques Chirac adorait Michaël Jackson, François Mitterrand avouait un faible pour Maurane. Quant à Emmanuel Macron, il écouterait « Brigitte », de Brigitte Fontaine, pour les raisons que l'on devine.

Chacun sa came à l'heure des grandes décisions, des moments de sacre, de grâce ou de défi. Il faut se recentrer, affronter un auditoire chauffé à blanc, un adversaire résolu à ne faire qu'une bouchée de nos ambitions… L'art de la rhétorique nécessite un mental d'acier. La musique peut se révéler d'une grande aide. N'avons-nous pas tous écouté notre radio préférée pour nous donner du courage, par un pluvieux lundi matin, quelques instants avant de nous mettre sur le chemin du travail ? Dernière soupape avant le lancer franc. Dernier sas de repos avant le choc des Titans. Quand nous sommes en tête à tête avec notre musique, nous ne voulons pas être dérangés. Il en va d'un instant précieux. Sur un tapis ou sur le bitume, les joggers sont d'abord attentifs aux BPM d'un morceau, c'est-à-dire à son nombre de battements par minute. « Dance Monkey » de Tones and I a été spécialement pensée pour accompagner les sportifs. En juin 1983, Jean-Jacques Goldman invente la chanson idéale pour ne plus douter de nous-mêmes et nous lancer sur le ring de la vie : « J'irai au bout de mes rêves ». Après Mike Tyson et sa pugnacité ancestrale, après Jean-Paul Sartre et son existentialisme, Jean-Jacques Goldman et sa soif d'onirisme.

Il galvanise, et décrit le principe même de la musique : celui de nous emmener loin, très loin en nous-mêmes, à la poursuite de nos rêves les plus fous. La chanson titille l'irréalisable. Elle incite l'auditeur à ne pas céder devant ses peurs, à donner toute sa mesure à ses ambitions, même démesurées. C'est ce qui s'appelle l'autopersuasion.

La musique crée une exaltation propice à l'expression personnelle, facilite les associations d'idées en boostant les circuits neuronaux. Elle se déverse à fond de train en charriant les « murmures », les « trompettes » et les « dieux mauvais », jusqu'à ce lieu mythique où la raison s'achève, point après lequel, selon la logique goldmanienne, on ne sait pas ce qui peut advenir…

Les bonnes énergies

« La seule façon de faire du bon travail est d'aimer ce que vous faites. Si vous n'avez pas encore trouvé, continuez à chercher », lance le créateur d'Apple, Steve Jobs, à ceux qui s'interrogent sur les clés de sa motivation. Or, il est maintenant prouvé qu'écouter de la musique nous donne confiance en nous-mêmes et, par là même, nous conforte dans ce que nous sommes en train d'accomplir, que ce soit une course, une mission ou un examen. Écouter « We Are the Champions » de Queen pendant que nous mettons un point final à un devoir n'est pas sans effet sur notre détermination à approcher la perfection. Par amour de l'art… Et par identification inconsciente aux paroles de la chanson ! C'est ainsi que le fameux « I Will Survive » de Gloria Gaynor fut littéralement sanctifié lors de la victoire de la France à la Coupe du monde de football en 1998. De façon plus générale, les supporters, en déclamant un seul et même hymne de ralliement, créent une émulation qui n'est jamais sans impact sur les rêves de gloire des joueurs. Les victoires, toutes les victoires, se font à chaque fois dans une « bonne énergie ».

La musique douce favorise l'altruisme

En diffusant de la musique dans la salle d'attente d'un dentiste, une salle de gym ou un ascenseur, nous pouvons objectivement modifier l'état de conscience des personnes présentes. Les psychologues Rona Fried et Leonard Berkowitz de l'université de New York ont fait écouter de la musique calme à des étudiants[1]. Après l'audition, alors qu'ils

1. Nicolas Guéguen, « Les mille effets de la musique », *Cerveau et psycho*, 22, 2007.

s'apprêtaient à rentrer chez eux, une expérimentatrice leur a demandé s'ils pouvaient lui rendre un petit service. En l'absence de musique, seuls 60 % de ces étudiants ont consenti à lui porter de l'aide tandis qu'ils ont été 90 % à accepter après l'écoute de la musique douce. Les psychologues sont formels : il existe une influence notable de la musique sur l'altruisme et le sentiment de disponibilité intérieure.

LA MUSIQUE, LE MEILLEUR DES ANTISTRESS

La musique est ce cri qui vient de l'intérieur, n'a de cesse de nous rappeler le boxeur et poète stéphanois Bernard Lavilliers, cet artiste qui peut passer du jazz portoricain à la musique classique avec la même dextérité mêlée de passion. Le son mélodique de ses chansons peut nous électriser comme nous tranquilliser. Il va à la rencontre de notre sensibilité, en lui offrant un moyen de se révéler, de s'affirmer plus nettement que si nous étions restés dans le bruit du quotidien. L'American College of Cardiology a récemment montré qu'écouter trente minutes de musique par jour diminue de façon significative les risques de récidive de l'infarctus du myocarde[1]. Et pour cause : en baissant le niveau de cortisol – l'hormone du stress produite par les glandes surrénales à partir du cholestérol –, celle-ci a un effet anxiolytique hors du commun. Une musique douce au coucher permet ainsi de faciliter

1. Études de l'American College of Cardiology, publiée le 18 mars 2020, article de pourquoidocteur.fr, 27 mars 2020.

considérablement l'endormissement. En quelques minutes, nous nous retrouvons immergés dans une ambiance ouatée, propice à la détente, au lâcher-prise, si difficile à obtenir dans la journée. En mode « off », le cerveau peut enfin se déconnecter de ce qui l'assaillait plus tôt par influx répétés. Il s'agit de la « paix des braves », que nous apporte un doux refrain maternant. Ce n'est pas par hasard si les berceuses ont été inventées et traversent les générations. De « Dodo l'enfant do » à la berceuse du « Chat » d'Igor Stravinsky, de « Good Night » des Beatles à « Colas, mon petit frère », instrumentale ou *a cappella*, elle a un pouvoir calmant dont l'effet est édifiant ! Quand personne n'est disponible pour la fredonner à l'oreille d'un enfant, cela peut casser son biorythme, l'empêcher de trouver une quiétude intérieure suffisante pour aller à la rencontre du marchand de sable. Finalement, notre cerveau a été habitué, dès le premier âge, à trouver du réconfort dans les berceuses. Écrite par Maurice Pon pour Henri Salvador, « Une chanson douce » génère à tous les coups un sentiment de calme. Quand ils l'ont reprise sur le plateau de *La Fête de la chanson française*[1], Laurent Voulzy, Bénabar et Alain Souchon se sont reconnus comme des enfants de Salvador qui partageraient avec leur père spirituel la même nostalgie.

1. *La Fête de la chanson française*, France 2, 27 janvier 2007.

La musique a le même pouvoir que le pouce, le petit bout de tissu, la peluche, ce doudou que l'enfant serre au moment de tomber dans les bras de Morphée. La berceuse lui appartient alors, si bien que le bébé ne sait plus si elle vient du dedans ou du dehors. Elle entre dans son imaginaire y fait son nid. « La "Chanson douce" d'Henri Salvador, c'est mon père qui me la chantait quand il rentrait du boulot tard le soir et que je ne m'étais pas encore couché. Je le voyais peu car il avait des horaires de travail infernaux. Il trouvait pourtant le temps de me fredonner cette mélodie. La réécouter aujourd'hui, des années plus tard, alors qu'il est parti, fait naître en moi énormément d'émotion. Je me souviens de ces soirs où ma mère et moi l'attendions derrière la fenêtre », se souvient Georges.

Le pouvoir hypnotique du chant n'appartient d'ailleurs pas qu'au royaume de l'enfance, sa magie se décline à toutes les époques de la vie, revêtant plusieurs visages selon ce que l'on y cherche. Le stress et la tension musculaire diminuent quand la musique fait son apparition, et tous les indicateurs sont au vert pour commencer une exploration méditative, une flânerie imaginaire… Ou même un rêve. Nous accompagnant dans nos songes et capable d'influer sur leur contenu, la musique douce les rend plus sereins, chassant peurs et angoisses. D'ailleurs, l'Organisation mondiale de la santé (OMS) a confirmé, en 2020, les effets favorables de la musique sur la santé mentale en s'appuyant sur 900 études internationales. Cette reconnaissance est considérée comme une grande avancée par les musicothérapeutes, soucieux de préconiser ce type de prise en charge comme substitut à la médication systématique. Nous ne pouvons que nous en réjouir, surtout quand on sait que la France est championne de la consommation d'antidépresseurs et somnifères de toutes sortes[1]. Depuis le début de la pandémie de Covid-19, en 2020, anxiolytiques et hypnotiques ont en effet connu une très forte hausse dans toute l'Europe, selon les chiffres de l'Organisation de coopération et de développement économiques (OCDE), signe que la santé mentale est mise à mal.

Dans un raisonnement par l'absurde, Grand Corps Malade ironise au sujet du statut prétendument « pas essentiel » de l'art en temps de crise sanitaire. Le seul fait de sortir, de voir du monde, de se regrouper pour écouter de la musique fait un bien fou, aucun de nous n'a pu faire l'économie de cette évidence. Plus encore, certains se sont rendu compte que bien vivre ensemble et entretenir collectivement le bien-être de chacun leur était nécessaire.

1. « La France fait-elle partie des plus gros consommateurs de médicaments dans le monde ? », *Libération*, 29 juillet 2019.

Le chanteur prêche le faux pour révéler le vrai ; il déplie une litanie d'énormités (Embrasser quelqu'un, pas essentiel...) afin de nous faire prendre conscience de ce qui l'est, justement. Gardons en tête que les psychotropes ont progressé de 7 % en 2020 et de 10 % en 2021, avec 3,4 millions de prescriptions de plus qu'attendu[1]. « L'idée n'est peut-être pas de remplacer tout de suite ces traitements, mais au moins de proposer des alternatives par la musicothérapie », explique le Pr Sam Porter, responsable des travaux sur les effets bénéfiques de la musique à l'université Queen de Belfast. « Ce que l'on sait, c'est que la musique est un vecteur de plasticité cérébrale qui induit des remaniements entre des réseaux de neurones très vastes, avec notamment de nouvelles connexions. Cela profite à de nombreuses aires à proximité de ces réseaux : le fait de jouer du piano peut par exemple améliorer la motricité globale chez les personnes présentant une lésion cérébrale, le chant ou la création musicale peut faciliter le langage chez les individus aphasiques[2] », constate son confrère Emmanuel Bigand, professeur de psychologie cognitive de l'université de Bourgogne et membre de l'Insti-

1. Agence nationale de la sécurité du médicament, « Usage des médicaments de ville en France », 2021.
2. Suzana Kubik, « Emmanuel Bigand, "La musique a une importance fondamentale dans l'évolution de l'humanité" », *Apprendre la musique*, France Musique, 2 octobre 2020.

tut universitaire de France. Au-delà même de nos attentes, la musique étonne donc tous les jours par ses capacités curatives et réparatrices. Elle agit sur l'apaisement de douleurs chroniques comme l'arthrose, la fibromyalgie, la cruralgie ou les brûlures graves. Elle contribue au développement des réseaux cérébraux chez les grands prématurés. Elle permet même de faire reculer les ravages de la maladie d'Alzheimer, en maintenant certaines capacités mnésiques[1]. Et nous ne sommes visiblement pas au bout de nos surprises en la matière…

Détournement volontaire

La douleur a ceci de particulier que nous nous concentrons presque infailliblement sur elle quand nous l'éprouvons. Cela s'explique par le fait qu'elle existe pour nous alerter d'un dysfonctionnement, d'un danger, et qu'elle est proportionnellement plus forte à mesure que nous nous sentons vulnérables. Or, la musique permet de détourner l'attention du cerveau en affectant notre système nerveux central à l'aide de pensées et d'émotions. Dans un parfait silence, ces dernières n'auraient pas été là : elles sont générées par la musique. Pour les personnes âgées atteintes de démence, l'écoute de leur chanson préférée permet significativement

1. *Ibid.*

une baisse de l'agitation nerveuse. La même chose est constatée chez les enfants sujets à l'anxiété : leur proposer d'écouter un ou plusieurs morceaux de leur répertoire diminue leur niveau de stress et augmente leur sentiment de contrôle. Ils « gèrent » alors la crise et se connectent à leur monde interne pour y trouver une harmonie à travers leur sélection musicale[1].

Une douleur moins intense

Le Pr Y. Chan, de l'hôpital Queen-Mary à Hong Kong, a interrogé des patients après avoir pratiqué sur eux une coloscopie. Il procédait à cet examen avec ou sans musique (des chansons d'amour au rythme lent et doux, visant à les détendre). Le résultat est significatif : la musique a réduit l'intensité de la douleur éprouvée, mais également l'anxiété avant et pendant l'opération. Ainsi, les scores de douleur subjective, obtenus par des questionnaires à remplir après l'intervention chirurgicale, sont nettement réduits à l'écoute de chansons d'amour[2].

1. Aline Moussard, Françoise Rochette, Emmanuel Bigand, « La musique comme outil de stimulation cognitive », *L'Année psychologique*, 112/3, 2012, p. 499-542.
2. « Les mille effets de la musique », *La Voix source*, novembre 2019.

GARE À VOS OREILLES !

Attention… N'allons pas croire qu'il est si simple de nous plonger dans les délices d'une mélodie. Il serait naïf de penser que tous les chemins mènent à Rome en matière d'écoute. De même, avez-vous vu quelqu'un entrer en méditation profonde sans avoir au préalable organisé un contexte favorable à ce processus très fragile ? Nous ne pouvons en effet parvenir à un état de quiétude qu'à des conditions sérieusement étudiées par les spécialistes car cet état laisse peu ou pas de place au hasard. Le chercheur britannique Adrian North a constaté qu'un engagement émotionnel est indispensable en amont de la sensation de bien-être. C'est un processus de croyance, de pensée magique, proche de l'envoûtement. L'adhésion de l'esprit au sens musical, voilà le secret. En d'autres termes, il faut baigner dans un environnement propice au lâcher-prise, se préparer à être envahi de sensations fortes ou douces, selon ce que l'on s'apprête à écouter, et l'emballement dopaminergique n'a lieu que si l'on est disposé à « se donner » à la musique, à s'y engager affectivement, sensuellement.

Dans son sketch « La Lettre », Muriel Robin parodie « Ne me quitte pas » de Jacques Brel en imaginant le cas où la destinataire de ces mots d'amour n'y serait pas du tout réceptive.

Muriel Robin produit un effet hilarant en lisant de manière très sceptique les paroles de la chanson que son ex s'est juste donné la peine de recopier dans sa lettre. « Venant d'un pays où il ne pleut pas ? Il s'est toujours cru plus malin que les autres. Des perles ? Tu penses tout rattraper par des cadeaux ? » Le décalage des situations d'énonciation montre la fragilité du registre dramatique, qui peut vite devenir comique si l'interlocuteur refuse de s'y adapter. « Ne me quitte pas, ne me quitte pas, ne me quitte pas, ne me quitte pas. Quatre fois ! » poursuit Muriel Robin, sarcastique.

Avant d'envoyer un poème, il s'agit donc de vérifier l'état d'esprit de celui qui le recevra, car même la plus belle chanson du monde peut être trouvée lourdingue ! « Poète, poète… Pouët-Pouët ! » résume Philippe Katerine, montrant lui aussi la fragilité de ce registre. Point de lyrisme dans certaines circonstances de la vie, qui invitent davantage au pragmatisme qu'à l'effusion, et il est bien imprudent, celui qui se hasarderait à déclamer des vers devant une personne qui lui serait totalement indifférente, ou pire, en situation de crise, d'urgence, quand il s'agit de retrousser ses manches au lieu de palabrer des heures. Les musiciens du *Titanic* en ont fait les frais, suscitant l'incongruité, l'hilarité, plus de cent ans après le naufrage du paquebot. Quand ils ont repris les instruments pour jouer une dernière fois alors que des centaines de pauvres âmes étaient encore sur le ponton, dans l'attente désespérée de canots de sauvage, ils se sont retrouvés en proie à une dissonance totale. Ultime politesse du désespoir ? Ou tentative louable et mal comprise de rassurer les passagers ? En tout cas, il est fort à parier qu'il n'y a pas eu beaucoup d'auditeurs charmés par leur dernier concert.

Il est un autre paramètre important : la généralisation de l'écoute – quand on est saturé par la même musique pendant un long moment – mène, selon Adrian North, à une insensibilité à l'art musical, voire à un rejet catégorique. Nous n'avons alors qu'une envie : la faire taire rapidement, retrouver le silence.

Dans son titre « Insomnies », la chanteuse Angèle rappelle combien la musique peut ne strictement rien nous inspirer quand elle nous est imposée et que nous ne sommes pas en état de l'écouter, de nous y plonger. Elle devient cacophonique.

Adrian North n'hésite pas à comparer cette overdose à la malbouffe. Trop, c'est trop. La satiété sonore existe bel et bien. L'art des Muses doit donc être consommé avec modération et subtilité pour laisser les oreilles ivres de ses miracles vibratoires vierges de pollutions sonores diverses et variées.

Si on les matraque sans prendre gare à l'extrême finesse de leur acuité, les oreilles se rebiffent et opposent une fin de non-recevoir. Elles ne veulent pas renouveler l'expérience. La musique devient alors un *stimulus* aversif, qui peut même donner lieu à des nausées, des vomissements et des crises d'épilepsie, dans le pire des cas. L'on sait aujourd'hui qu'elle peut servir d'instruments de torture. Le supplice musical a ainsi été utilisé dans de nombreux centres de détention. Aux États-Unis, certains prisonniers nus et encagoulés étaient laissés dans des cellules avec Britney Spears, Bruce Springsteen ou Metallica, diffusés à une puissance sonore bien trop importante. Dans « le Chili » de Pinochet, les chansons de Julio Iglesias, la bande originale d'*Orange mécanique* ou « My Sweet Lord » de George Harrison étaient également préconisés pour détruire psychologiquement les détenus, dans un lieu appelé « la discothèque ». Les tortionnaires obligeaient même leurs otages à chanter sur ces refrains jusqu'à ce qu'évanouissement s'ensuive[1].

Sans tomber dans ces extrêmes navrants de perversité, faisons un net *distinguo* entre la musique stimulante et la musique émouvante. Ainsi, si l'électro boum-boum à plus de 80 décibels stimule la partie

1. « Chili/Pinochet, la musique, arme de torture », *Le Figaro*, 11 septembre 2013.

primitive de notre cerveau reptilien, gestionnaire de nos fonctions de base (manger, boire, fuir...), elle crée une telle fatigue auditive qu'elle rend impossible la concentration nécessaire à l'envol émotionnel. Elle est pourtant idéale pour renforcer un sentiment de groupe, lors d'une rave par exemple, où les teufeurs cherchent à décoller à partir de *sound systems*, un ensemble d'enceintes formant un mur de son électro, techno, house. Mais un tel volume entrave neurologiquement l'individu dans sa quête d'intériorité. Il ne peut pas se retrouver avec lui-même et a le sentiment d'un envahissement extérieur constant, comme si la musique, au contraire de s'unir à lui, le sommait de sortir de sa solitude.

D'ailleurs, sur un plan anatomique, les oreilles ne sont pas faites pour l'exposition durable ou répétée à un volume trop élevé, susceptible de déclencher des lésions parfois coupables d'une surdité précoce. Les sifflements et les acouphènes, ces sons internes entraînant de grandes douleurs psychologiques, peuvent notamment avoir pour origine cette exposition abusive. Les recherches menées sur la puissance de la musique sont formelles : il s'agit de lui conférer une valeur, une importance décisive, car si nous la banalisons, si nous en écoutons trop, si nous la laissons coloniser notre espace sonore de façon indigeste, son charme s'évapore, devient soudain inaccessible. « Au XIXe siècle encore, la musique était perçue comme un trésor de très grande valeur, avec des pouvoirs fondamentaux de communication humaine », rappelle Adrian North. Attention, danger : à trop jouer avec ses capacités d'ensorcellement, à trop l'exploiter, nous pouvons perdre sa substantifique moelle, la vider de son essence.

La haine de la musique

Dans son sublime texte de 1996, *La Haine de la musique*[1], Pascal Quignard réfléchit à la saturation musicale que connaît notre époque. Il se penche également sur les fascismes, qu'il dit liés à « la musique par haut-parleur », créatrice d'une liesse bestiale et arrogante. « Je m'étonne que les hommes qui aiment la musique la plus raffinée et la plus complexe, qui sont capables de pleurer en l'écoutant, soient capables en même temps d'une telle férocité », écrit Quignard, en rappelant que l'art des Muses est le seul de tous les arts ayant contribué à l'extermination des Juifs organisée par les Allemands de 1933 à 1945. Rappelons-nous qu'il y avait en effet de la musique dans les camps pour, tout à tour, encourager ou désespérer les travailleurs. « Cadence et mesure. La marche est cadencée, les coups de matraque sont cadencés, les saluts sont cadencés. Ouïe et obéissance sont liés », poursuit l'auteur dans cet essai poignant.

1. Pascal Quignard, *La Haine de la musique*, Paris, Calmann-Lévy, 1996.

ROMANTISME MUSICAL

S'il est un sentiment qui ne s'envisage presque pas sans musique, c'est bien l'amour ! Observons les fêtes de mariage ou de fiançailles pour nous en convaincre : la musique consacre une union. Des noces sans elle ? Impossible. Il y aurait comme un goût d'inachevé, voire de raté, tant elle est rituelle, éminemment protocolaire, et les convives la réclament, elle est le clou du spectacle sur la grande scène de la vie. La fameuse ouverture du bal relie les corps au moment opportun, quand il s'agit de montrer la réciprocité de nos sentiments au reste du monde. D'ailleurs, ce grand moment ne s'improvise pas mais se prépare, se peaufine, se prémédite. D'Alicia Keys à Nina Simone, de Marvin Gaye à Ed Sheeran en passant par Yann Tiersen, ils sont nombreux à être appelés à la rescousse pour donner à cet instant une portée vibratoire supplémentaire.

« Nous avions choisi Céline Dion… Enfin, pour être plus honnête, je l'avais choisie. J'avais vu *Titanic* un mois avant mon mariage au cinéma.

La scène de Rose et Jack à l'avant du bateau, je voulais la revivre, au moins en rêve, pendant que je danserais avec mon chéri. J'ai tellement aimé cet instant de bal que je me remarierais presque pour le revivre une deuxième fois », s'exclame Cathy, quand elle raconte comment « My Heart Will Go On », issue de la bande originale de film de James Cameron, inaugura cette nouvelle ère de sa vie.

Il est vrai que la playlist de la fête contient l'essence de ses organisateurs, qu'elle est le reflet de ce qu'ils recèlent au fond d'eux-mêmes et tiennent à tout prix à offrir aux invités. Cette essence se situe souvent entre « La danse des canards » et une valse viennoise. D'ailleurs, pourquoi choisir ? L'amour et la musique sont hybrides. Ils ont tant à voir. La musique confère du charme à tous nos grands moments. Pour qu'il agisse, il suffit de revenir à ses fondamentaux et de se laisser porter. Mais que se passe-t-il alors exactement dans nos têtes ?

La chanson « Recette pour un cake d'amour » de Jacques Demy et Michel Legrand considère la saveur des sentiments comme une recette de cuisine. Afin de la réussir, il faut une sacrée dose d'expertise. L'important est de ne pas trop s'emballer au début, de laisser venir, tranquillement, l'effusion sentimentale, sans chercher à l'accélérer, à lui faire dire ce qu'elle ne dit pas encore. Sans cela, nous risquons tout bonnement de tuer l'amour dans l'œuf. À peine en germe et déjà réduit à néant par notre faute ! Doucement, précautionneusement, il s'agit de l'amener à l'éclosion. Ce n'est pas un jeu d'enfant. Beaucoup s'y sont cassé les dents et ont dû revenir de bien des certitudes. En disant que l'amour était « enfant de bohème » et qu'il n'avait même « jamais connu de loi », Georges Bizet dépeignait une Carmen bien réaliste sur le caractère imprédictible de la nature humaine.

C'est vrai, la passion amoureuse est d'abord un stress. Quand nous l'éprouvons, nous tremblons sur nos bases car nous avons spontanément peur de nous brûler. Convenons donc que le terme « magique » pour qualifier une rencontre est un peu précipité… Avant que la confiance ne s'installe, les deux partenaires en présence sont surtout très anxieux de ce qui leur arrive. Ils sentent bien que quelque chose a changé en eux et dans l'atmosphère.

Le groupe rock et pop, Feu ! Chatterton, évoque cette violence à l'éclosion du sentiment à travers sa chanson « La mort dans la Pinède ». Le début des hostilités, le « feu aux poudres »… L'amour perturbe énormément, surtout quand nous avons eu des expériences antérieures négatives en la matière. Nous ne voulons pas remettre une pièce dans la machine. Nous souhaitons même tenir la machine à distance le plus longtemps possible. Seulement les choses ne sont pas si simples… Avec son titre aveu intitulé « Ce jeu », la chanteuse Yelle confesse cet irrésistible besoin de « jouer à l'amour », de manipuler l'autre dans un « doux jeu d'amants ».

L'amour est un jeu hasardeux, dirait Pierre Choderlos de Laclos. « Ou vous avez un rival ou vous n'en avez pas. Si vous en avez un, il faut plaire pour lui être préféré. Si vous n'en avez pas, il faut plaire davantage pour éviter d'en avoir[1] », écrit l'officier de carrière et écrivain. Rivalité, bluff, mots d'esprit, crainte du début et crainte de la fin… Le roman épistolaire de Choderlos de Laclos *Les Liaisons dangereuses* a magnifiquement décrit les gouffres sentimentaux provoqués par les chassés-croisés de la séduction. C'est « Vénus à sa proie attachée », constate Racine quand il observe les ravages de la passion sur Phèdre, éprise de son beau-fils Hippolyte. Le mot vient de *passio*, qui signifie « souffrance », lui-même inspiré du grec *pathos*. Il peut même basculer vers la mélancolie, cette maladie de l'âme toujours triste.

---

1. Choderlos de Laclos, *Les Liaisons dangereuses*, 1782.

Comme Christophe, quand il interpréta *Aline* en 1966, nous nous mettons soudainement à ne penser qu'à un être, un seul, « pour qu'il revienne », un être sans lequel nous avons l'impression que la Terre ne pourrait tout simplement plus tourner. Nous en venons parfois à en perdre le sommeil et l'appétit dans cette période confuse où l'autre n'est ni tout à fait familier, ni tout à fait étranger. « La confiance permet la mise en récit, dans la mesure où elle inscrit les sentiments et les actes dans un avenir plausible. L'absence de confiance tronque les récits en bloquant la possibilité d'envisager une suite de séquences et donc un futur[1] », analyse la sociologue et universitaire franco-israélienne Eva Illouz dans son livre *La Fin de l'amour*, où elle met en garde contre notre culture occidentale dans laquelle l'amour tend à devenir un produit de consommation comme un autre. Plus que jamais, l'autre peut nous échapper à tout moment, s'évaporer comme il est venu. L'amour a ainsi le don de nous mettre dans tous nos états.

Christophe aussi nous met en garde : l'être aimé peut effectivement nous faire faux bond. Nous découvrons sa face cachée. Angoisse ultime ! Il y a de l'aliénation dans l'air, et la possibilité d'y laisser

1. Eva Illouz, *La Fin de l'amour. Pourquoi l'amour fait mal*, Paris, Seuil, 2012.

des plumes. Notre organisme assimile le coup de foudre à un danger pour sa stabilité. Il est en alerte ! Pris en étau, il libère aussitôt de la noradrénaline, produite par les glandes surrénales. Celle-ci accroît automatiquement le degré de vigilance. « Les premiers temps de la relation, je préfère éviter d'écouter trop de chansons d'amour car je me projette trop vite à cause d'elles. Je tire des plans sur la comète, je confonds la chanson avec la vraie vie. C'est dangereux. La musique, ça me met en marche. Et ensuite, rien ne m'arrête », explique Thomas, vingt-sept ans, méfiant envers ses propres cris du cœur. En effet, l'excitation des débuts vire parfois à l'obsession. La chanteuse autrice interprète de « La grenade », Clara Luciani, prévient ainsi, dans le premier titre qui l'a fait connaître, des risques d'aimer : elle pourrait « faire mal », « blesser ».

Dans une autre de ses chansons explicitement intitulée « On ne meurt pas d'amour », Clara Luciani tente pourtant de se convaincre que cet orage hormonal n'est pas létal. Elle parle d'un « syndrome unique qui contamine l'homme ». Nous pourrions « nous bousiller à force de mal aimer », nous oublier, nous perdre… Pour autant, ce syndrome ne tuerait pas…

Elle ne croit pas si bien dire. Non seulement l'amour ne tue pas toujours, mais l'hormone du plaisir, la fameuse dopamine, va nous permettre de sortir de ce stress des débuts. Petit à petit, elle va prendre le pas sur les assauts de la noradrénaline et du cortisol qui sont à l'origine de l'anxiété. La dopamine contrebalancera l'effet des hormones du stress sur les mécanismes neurotransmetteurs. Ce renversement de situation est inespéré pour les plus romantiques, qui envisageront enfin l'amour de façon moins mélodramatique. C'est donc juste une question de patience. Quand la relation aura trouvé un rythme de croisière, tout reviendra dans un ordre relatif. En psychologie, cela se nomme l'homéostasie, un principe régulateur visant à retrouver une certaine forme de calme après les tempêtes sous le crâne. En conséquence, la mémoire de notre corps sera éternellement reconnaissante à cet influx dopaminergique. Elle aura donc tendance à le rechercher par tous les moyens…

Par l'envoi de messages, par exemple. À un moment donné, un « Je t'aime » franc et massif par SMS ne suscitera plus de stress, mais une forme de ravissement. Nous n'aurons alors plus qu'une envie : quitter le sentiment de précarité existentielle, cette nostalgie sirupeuse, cet éternel qui-vive, pour nous rapprocher de l'autre, pour l'assaillir de messages. Pour l'aimer enfin au présent.

En 1997, Lara Fabian exulte. Son timbre sombre et sa tessiture de soprano propulsent littéralement la chanson au sommet des hit-parades. L'interprète belgo-canadienne est peut-être moquée pour la haute fréquence de sa voix, elle n'en demeure pas moins l'une des chanteuses les plus marquantes de la fin des années 1990, notamment avec sa chanson « Je t'aime ». « On venait de se séparer avec Lara. Comme un fou, comme un soldat… J'avais tout ça en tête. Elle s'en est emparée, elle a continué toute seule l'écriture de la chanson », raconte le coauteur de « Je t'aime », Rick Allison[1]. L'écriture de la chanson est à la jonction de l'amour fou et de la séparation. Avec elle, des millions d'auditeurs cèdent à leur enthousiasme absolument délirant, aveuglés par la déferlante hormonale : la musique devient une alliée inespérée du cerveau amoureux.

Moi, je n'étais rien
Et voilà qu'aujourd'hui
Je suis le gardien
Du soleil de ses nuits
Je l'aime à mourir[2]

L'amour rend plus rêveur, plus inventif… Plus idéaliste aussi. En 1979, Francis Cabrel « bâtit

1. *Les 20 chanteuses préférées des Français*, W9, 1er septembre 2021.
2. « Je l'aime à mourir », paroles et musique de Francis Cabrel, 1979, © Warner Chappell Music France.

des ponts entre l'eau et le ciel » dans sa chanson aux allures de déclaration à une déesse. L'artiste gascon manie l'oxymore comme personne quand il réunit le soleil et la nuit. Cela peut paraître un peu gros… mais quand nous sommes amoureux, tout semble permis, et l'auditeur écoute sans relâche ce langage ésotérique par lequel il sublime ses propres émotions. Il a tant besoin de se rassurer pour sortir de son anxiété inaugurale, de son insécurité qui revient par moments et le mine de l'intérieur.

Finalement, l'amoureux n'a qu'un objectif : croire en son amour, justifier tant d'intérêt pour l'élu(e) de son cœur. Il a alors terriblement besoin d'un kit de rêverie ! C'est l'assemblage de sons dont parle Diderot dans son *Encyclopédie*, un assemblage dans lequel il pourra projeter toutes ses espérances, se consoler de toutes ses déconvenues.

Avec son titre « Une âme », Matthieu Chedid évoque cette « propulsion d'âme » propre à l'effet musical et amoureux, au-delà des genres, au-delà des normes, au-delà même de son petit *ego*. La tâche est rude ensuite : il s'agit de maintenir le feu sacré, coûte que coûte, pour ne pas redescendre dans les tranchées du quotidien et de la routine. Défi prométhéen ! Ce feu est maintenu allumé par un simple effet de croyance, à contre-courant du principe de réalité. L'amoureux veut croire en son rêve… Et rien de tel pour y croire que la musique !

Une chose est sûre : l'amour met parfois fin à une période de tranquillité, de liberté, cette époque où nous étions sans attache, sans dépendance. « Parfois, quand je suis en couple, je regrette mon célibat. En fait, j'aime l'amour mais ça me pompe tellement d'énergie que le jeu doit vraiment en valoir la chandelle. Et ce n'est pas souvent le cas », poursuit Thomas. Selon une très sérieuse étude, les personnes célibataires ont tendance à être plus minces, à faire davantage de sport, à mieux dormir que les personnes en couple[1]. Bella de Paulo, chercheuse et professeure de psychologie de l'université de Californie, a observé 800 personnes mariées ou célibataires pendant trente ans. Elle a livré ses résultats à la convention annuelle de l'American Psychological Association[2] : vivre seul permettrait d'avoir « une meilleure vie qui a plus de sens et d'authenticité ». Selon la psychologue, les gens mariés auraient davantage tendance à s'isoler et à ne plus sortir de chez eux en soirée ou le week-end car la routine s'installe.

1. Étude de la faculté d'écologie humaine de Cornell, New York, 2015
2. « Célibataire, votre vie sera plus réussie », *Les Éclaireuses*, 9 août 2016.

Dans « Que c'est triste Venise », en 1964, une chanson écrite par Françoise Dorin, Charles Aznavour raconte la souffrance d'un homme revenu à Venise, la ville romantique par excellence, sans sa dulcinée. Il cherche alors une main que personne ne lui tend et tente d'ironiser sur ce qu'il ne peut plus dire à personne.

Que c'est triste Venise
Quand on ne s'aime plus
[...]
Les musées, les églises ouvrent en vain leurs portes
Inutiles beautés devant nos yeux déçus[1]

La chanson est d'une lucidité aiguisée comme un poignard et c'est avec un trémolo dans la voix, qui ne peut que susciter de la compassion, que la chante Charles Aznavour. Si peu d'entre nous ont fait le grand saut – aller visiter Venise en solo –, nous voyons à peu près tous de quoi il retourne. En même temps, personne n'est dupe : revenir seul à Venise confine aussi et surtout au masochisme le plus délectable !

Interdiction aux amoureux d'écouter cette chanson alors qu'ils viennent de commencer leur histoire... Ils perdraient leur insouciance d'un seul coup.

1. « Que c'est triste Venise », paroles de Françoise Dorin, musique de Charles Aznavour, 1964, © Éditions Musicales Djanik.

« Que c'est triste Venise » proscrit toute forme d'espoir. L'amour, c'est comme la vie, ça finit souvent mal, mais nous pouvons aussi faire semblant de l'oublier pour déguster l'instant présent…

Le romantisme, d'abord un combat

Le romantisme apparu en Allemagne à la fin du XVIIIe siècle est un mouvement littéraire et culturel européen qui a concerné tous les arts. Il s'oppose à la tradition classique et au rationalisme des Lumières. Il privilégie l'expression des émotions, ses thèmes de prédilection étant la nature et l'amour. En 1830, la pièce romantique de Victor Hugo, *Hernani* provoque une césure entre les défenseurs du « nouveau drame » et les partisans d'une conception classique du théâtre. Cette bataille d'*Hernani* a encore cours aujourd'hui : le discours scientiste et objectivant cherche à clouer au pilori les romantiques dont la chanson d'amour est l'un des derniers bastions !

Sexe en musique

Un sondage Spotify révèle que la musique fait partie des accessoires stimulant l'amour. Pour beaucoup de couples, le rapport sexuel ne s'envisage pas sans un accompagnement sonore. En 2022,

« Sexual Healing » de Marvin Gaye, « She's Like the Wind » de la bande originale de *Dirty Dancing* et « Je t'aime moi non plus » de Serge Gainsbourg caracolent en tête des titres plébiscités sur le site de contenu musical Spotify. Une autre étude commandée par la plateforme en 2012 montre également que le sexe en musique exciterait bien plus que les caresses seules. « Quarante pour cent des sondés estiment qu'écouter de la musique pendant l'amour leur ferait plus d'effet que simplement toucher leur partenaire », explique le Dr Gilbert Bou Jaoudé, médecin sexologue[1].

1. « Sexualité, la musique stimule-t-elle le désir ? », *La Dépêche*, 12 janvier 2018.

Deuxième partie

LES SECRETS DES CHANSONS D'AMOUR

Par Daniela Lumbroso

Au fond, triste ou gaie, quel impact la musique a-t-elle sur nous ? Au XVIIIe siècle, le philosophe Emmanuel Kant la décrit comme la « langue des émotions[1] ». Pour Nietzsche, la vie sans elle serait « une erreur, une fatigue, un exil[2] ». Pas moins. En quelques mots, le philosophe résume l'importance de l'art des Muses dans les existences humaines. « Un monde sans musique serait-il même supportable ? » s'interroge-t-il, tant il lui apparaît nécessaire d'éprouver sa mélomanie. Depuis des temps immémoriaux, les musiques convoquent le mythe, la fable, le rêve, c'est-à-dire ce qui dépasse la rai-

1. Thierry Geffrotin, *Les 100 mots de la musique classique*, Paris, Puf (Que sais-je ?), 2011.
2. *Ibid.*

son. « Qu'est-ce qu'on ferait dans ce monde s'il n'y avait pas la musique ? » constate Johnny Hallyday sur le plateau de *La Fête de la chanson française*[1]. Nietzsche et Johnny… Un seul et même combat, après tout ! Car la musique transcende l'intellect. Elle met le chanteur populaire et le philosophe sur un pied d'égalité.

Depuis les premiers instruments de la préhistoire, faits d'os et d'argile, le son mélodique taraude l'imaginaire. Dans ses *Dialogues*, Platon le décrit comme la première éducation de l'esprit, tandis que plus de deux mille ans après, Jankélévitch parle à son sujet d'esthétique de l'ineffable : la musique est à la fois essentielle et énigmatique. Des motets médiévaux aux élégies romantiques, chaque époque a cru détenir une parcelle de son mystère. Ah, si on pouvait la cerner, la coffrer une bonne fois pour toutes… L'être humain voudrait bien la maîtriser, mais elle évolue au gré du temps qui passe, se montre toujours changeante, toujours insaisissable. Elle n'est ni tout à fait religieuse, ni tout à fait profane. Son harmonie se situe dans une zone interstitielle. Diderot fait un beau raccourci quand il la limite, dans son *Encyclopédie*, à « l'art d'accommoder des sons de manière agréable à l'oreille ». Beaucoup plus compliqué que cela,

1. *La Fête de la chanson française*, France 2, 11 janvier 2013.

serait-on tenté de lui répondre ! Il y a de l'incantation, du recueillement, de la facétie, de la palpitation dans la musique. Comme s'il y avait un dieu là-dessous, ou, en tout cas, quelque chose qui nous fasse décoller de notre pauvre condition humaine…

Quand il chante que la musique est un cri qui vient de l'intérieur, Bernard Lavilliers résume, avec simplicité, sa vocation d'auteur-interprète, dispensateur de rêves, d'espoirs, en contact avec ce refuge en dedans de nous, ce lien qui ne se rompt pas, entre soi et soi, entre soi et les autres, à l'aune de cette sacro-sainte musique. Quand nous écoutons un morceau, nous partageons souvent une profession de foi avec celui qui joue. Ce « pas grand-chose » nous embarque ! Et puis, il y a comme un souvenir d'enfance, d'adolescence, figé dans la mémoire. Pourquoi les chansons que j'ai entendues très jeune me sont-elles plus agréables que tout ce que je peux écouter en tant qu'adulte ? Je suis soulagé de pouvoir affirmer que le phénomène n'est pas entièrement imputable à mon manque de discernement dans le domaine de la critique musicale : ces dernières années, psychologues et experts en neurosciences ont confirmé que ces chansons exerçaient sur nos émotions un pouvoir disproportionné. Et ces chercheurs ont découvert des preuves montrant que notre cerveau crée un lien plus étroit avec la musique que nous écoutons lors de notre adolescence qu'avec tout ce que nous pouvons entendre une fois adultes[1]. Ce sentiment ne faiblit pas avec l'âge, bien au contraire ! En d'autres termes, la nostalgie musicale n'est pas un simple phénomène culturel : c'est une commande neuronale. Peu importe le degré de complexité, de finesse, que nos goûts peuvent atteindre plus tard, nos cerveaux restent parfois focalisés sur ces chansons qui nous ont obsédés dans nos jeunes années.

Je n'ai que douze ans lorsque j'arrive à Paris. Le ravalement décennal des façades n'est pas encore obligatoire et les immeubles arborent une couleur gris anthracite qui me laisse perplexe. Comment des gens qui vivent déjà sous un ciel gris peuvent-ils décider de peindre leurs immeubles en noir ? Ces Parisiens sont un mystère pour moi, et la petite étrangère que je suis prend la crasse pour un choix esthétique incompréhensible. Cette année 1973, je découvre le froid, la pluie… Et la télévision.

Grandir au soleil vous fait pousser plus vite, grandir seule vous fait mûrir plus rapidement. Les élèves

1. « Si vous êtes attachés à la musique de votre adolescence, c'est à cause de votre cerveau », *Slate*, 26 août 2014.

de mon collège font la moitié de ma taille, et l'intégration n'est pas facile. Je suis toujours aussi solitaire. Le samedi soir, des chanteurs se produisent dans des shows qui me font rêver. Serge Lama, invité par Michel Drucker, interprète sa nouvelle chanson, « D'aventure en aventure ». D'un coup, comme une évidence, je le sais, c'est là que je veux être : avec ces chanteurs, dans cette télévision qui ne nous oblige plus, depuis peu, à imaginer les couleurs chatoyantes des costumes et des décors.

Pendant que j'écoute Serge Lama, maman écoute une autre musique, celle que son père italien et féru d'opéra adorait lui aussi. Verdi, Puccini, Mozart sont ses compositeurs préférés. J'apprendrai plus tard à les aimer, je pleurerai aussi sur le triste destin de Madame Butterfly... Mais pour l'heure, tout ce que je perçois, ce sont des voix aiguës de sopranos qui hurlent dans le salon ! Ma mère a beau essayer de m'initier, je ne comprends pas cette musique qui m'agresse. À l'inverse, les cordes de Maxime Le Forestier me caressent les oreilles, les mots de Brassens me fascinent... Et puis, la « Petite musique de nuit » de Mozart, le jazz de Miles Davis, ou la pop de Michel Jonasz ont en commun de nombreuses vertus : elles provoquent toutes une libération d'hormones du bonheur, au même titre que l'hypnose ou la sophrologie. Comme le chante Jo Dassin, fils d'intellectuels, embarqué comme moi dans la variété, « on peut aimer l'apéro et l'opéra ». Il y a tant de courants musicaux, tant de styles, tant de rythmiques, du jazz à la java. Mais attention à ne pas tomber dans l'angélisme, ces mondes sont parfois cloisonnés, voire totalement irréconciliables.

Claude Nougaro a raison : le jazz et la java se snobent ! Cela s'appelle le choc des cultures. Alors que la danse de bal musette rappelle la vieille France, le jazz a des accents de dissidence, de négritude et d'affranchissement de l'esclavage.

Il y a de nombreuses familles de mélomanes et certaines d'entre elles lorgnent bizarrement les autres. Des férus d'opéra avouent, par exemple, une franche condescendance envers la variété. Des rappeurs pointent le dévoiement de la pop sur l'autel de pures finalités commerciales. Et pourtant, tous ces genres ont, malgré eux, un point commun : lequel ? Reprenons peut-être les mots de Nietzsche pour le découvrir. Le philosophe parle, au sujet de la musique, d'un instrument de lutte contre la fatigue[1]… Et il a tellement raison ! D'où qu'elle vienne, jazz, java, rap, opéra ou variété, elle a ce don prodigieux d'interrompre la torpeur, la léthargie, l'exaspération. À son écoute, si nous

1. Thierry Geffrotin, *Les 100 mots de la musique classique*, *op. cit.*

l'aimons, nous nous retrouvons comme unifiés en nous-mêmes, dans une sorte de réconciliation, de retrouvailles peut-être...

Comment les auteurs de chansons ont-ils fait pour tailler de tels diamants ? De quel jaillissement est-il question quand la plume nous emmène tout droit vers l'inconscient collectif et la culture populaire ? De manière générale, le rapport des artistes à leur propre créativité n'est pas simple. Parfois, le jaillissement n'a pas lieu et la dictée intérieure s'évapore pour laisser place à un silence pesant. C'est ce qui s'appelle la « page blanche ». Combien de ratures, de départs avortés pour un seul texte abouti ? À quoi cela tient-il, au fond ? L'imaginaire a une part d'indomptable, avec ses trous noirs et ses ramifications secrètes. En matière d'art, nous ne sommes jamais vraiment seuls. Nous nous inspirons, consciemment ou inconsciemment, de gens que nous admirons par-dessus tout et qui ont contribué à nos propres inventions. Quant aux événements de l'existence, ils peuvent nous donner le feu sacré ou nous rendre artistiquement impuissants. Certains artistes préconisent le fameux « recul » avant d'écrire ou de composer. D'autres le fuient comme la peste, ne croyant qu'à l'improvisation, l'immédiateté, la fulgurance. À chacun son école, son style, sa foi.

Pour mes émissions de télévision, j'ai côtoyé tant d'artisans de la chanson d'amour. Certains ne sont déjà plus là... Pourtant, leur empreinte est telle qu'ils ne nous ont jamais quittés et ne nous quitteront peut-être jamais. Ils disent tant de choses à travers les bandes-son et les réservoirs d'images, méticuleusement archivées. D'autres sont vivants, au travail, aiguisant sans cesse leur sens de la créativité, avec un regard tantôt déterminé tantôt désabusé sur leur métier de dentellier. Rencontres.

JULIEN CLERC :
« UNE VISITATION »[1]

Julien Clerc fait un pont évident entre le chagrin d'enfance lié au divorce de ses parents et la portée mélancolique de nombre de ses textes. Il en est sûr : sa tristesse familiale a transparu dans sa musique et a ainsi touché le cœur du public. Comme il le chante dans « Double enfance », texte de commande de Maxime Le Forestier, « elle n'est pas donnée à tout le monde, la chance de s'aimer pour la vie ». Ses parents à lui se sont séparés alors qu'il n'était qu'un nouveau-né. Étrangement, c'est « Tu te laisses aller » d'Aznavour qui le console, enfant. Elle lui permet de comprendre le mystère de l'amour qui ne dure pas toujours. Julien Clerc n'invente pas les paroles de ses chansons. Étudiant, il composait déjà des mélodies mais ne connaissait personne dans le métier. Il passait son temps dans un café, L'Écritoire. Un jour, de sa table solitaire, il lance à la cantonade : « Est-ce que quelqu'un sait écrire autour de moi ? » ; une voix s'élève dans l'assistance : « Oui, moi. » C'est Étienne Roda-Gil.

1. Entretien avec l'auteure, février 2022.

Une rencontre qui tient du miracle. Ensemble, ils créeront une très belle page de la chanson française, avec des titres comme « Utile », « Ma préférence » ou « Souffrir par toi n'est pas souffrir », à l'attention de France Gall, son ex-compagne qui l'a quitté pour Michel Berger. Immense chagrin d'amour.

« Avoir chanté cette chanson m'a aidé, explique Julien Clerc. C'est l'un des rares textes de commande que j'ai pu faire à Étienne. France venait de me quitter, et je voulais une chanson qui la fasse revenir. Il a bien voulu répondre à ma demande parce qu'il me sentait détruit. C'était formidable, ce qu'il avait écrit. Quand je la chantais, je me plongeais dans la souffrance avec délice, et j'ai toujours gardé un grand plaisir à l'interpréter, même quand je suis sorti de là. Naïvement, je pensais que ça allait faire revenir France… J'ai souvent fait des musiques parce que je ne trouvais pas les mots, je ne savais pas dire. Quand j'ai demandé "Double enfance" à Maxime Le Forestier, c'est parce que je ne savais pas comment dire à mes enfants que j'allais me séparer et leur faire subir ça… »

Chez Julien Clerc, la chanson console l'enfant et permet aussi à l'adulte devenu artiste d'exprimer ce qu'il n'ose pas dire. Le chanteur confie aussi déceler du « divin » dans le processus de création musicale :

« Quand je cherche une mélodie, je cherche des heures avec mon piano, puis à un moment donné, à force de chercher, j'ai toujours cette impression, moi qui ne suis pas religieux, d'une visitation, de quelque chose qui arrive de je ne sais où, j'ai l'impression que, tout à coup, à force de tourner autour, il y a l'air qui jaillit. Ce sont des moments d'une jouissance extrême et solitaire, où j'ai soudain conscience d'avoir trouvé quelque chose. Comme si j'avais été visité. Un ami m'a dit un jour : "Nous, les chanteurs, nous sommes en relation avec le cosmos." Ça vient d'on ne sait où, on ne sait comment, à un instant très précis, et c'est "émerveillant". »

Des voix qui transcendent

« Visitation », dit Julien Clerc au sujet de son rapport à la musique. Utiliser celle-ci à des fins thérapeutiques était notamment la spécialité du Dr Alfred Tomatis, le père de la méthode APP (audio, psycho, phonologie). Il a publié une quinzaine d'ouvrages concernant les rapports de l'oreille et de la voix et sa méthode a été appliquée dans plus de 600 établissements. La Callas, Romy Schneider, Gérard Depardieu ont fait partie des patients ayant éprouvé sa méthode principalement axée sur l'écoute de Mozart, dont les compositions favorisent l'harmonisation des fonctions organiques. Des spécialistes de la méthode Tomatis ont découvert, en 2002, que les sonorités vocales de Nolwenn Leroy ont des effets thérapeutiques comparables, voire supérieurs, à ceux de Mozart[1]. Sa voix guérirait et aurait d'excellents effets sur de nombreuses pathologies nerveuses et psychiques. Elle posséderait « une force singulière qui jaillit des profondeurs d'un être et le transcende, en fait soudain le messager d'un mystérieux influx cosmique, qui, par le truchement d'une vibration vocale particulière, est capable de relier l'être humain aux sources même de la vie ». Jusqu'alors, selon Tomatis, seule Édith Piaf était capable d'offrir ce don incomparable, qui dépasse l'imagination, de la puissance de la nature des émotions surgissant d'un être fragile.

1. « La musique qui guérit », *Santé nature innovation*, 19 octobre 2012.

ZAZ :
« LA MUSIQUE NETTOIE »[1]

« Sous les masques cousus d'espérances se cachent les fêlures de l'enfance », chante Zaz. Pour elle aussi, la douleur vient des rapports houleux de ses parents. La chanson lui a permis de se réfugier en elle-même et de trouver une forme d'équilibre malgré les secousses extérieures et les déchirures. Selon Zaz, il ne fait aucun doute : la chanson prolonge nos émois d'enfance et leur donne un habitat vivable, loin des premières tempêtes.

« Je crois profondément qu'il y a des chansons qui peuvent guérir, qui peuvent soigner. Juste chantonner une mélodie, ça ouvre le cœur, ça apaise, ça permet de libérer l'émotion. La musique apaise, nettoie, accompagne. Elle rompt la solitude. Celui qui l'écoute se reconnaît dans une chanson et quand quelqu'un est reconnu, il est compris, quand il est compris, il n'est plus tout seul. On a tous une enfance qui se poursuit à l'âge adulte. Même si on n'a pas vécu de drames terribles comme le viol

1. Entretien avec l'auteure, février 2022.

ou la maltraitance, on a tous eu des moments où l'on s'est senti rejeté, trahi. Petite fille, j'adorais Jean-Jacques Goldman. Quand je l'écoutais, je ressentais toute la beauté du monde, sa profondeur. Je sentais déjà une force, une volonté de vivre, la vibration des mots, de sa voix. J'ai eu une famille très dysfonctionnelle. Les chansons, c'était une manière de tenir tout au long de cette enfance. Ce que j'ai envie de transmettre avec mes chansons, c'est que l'amour qu'on cherche tellement à l'extérieur, il s'agit de le trouver en nous-mêmes, de nous le donner. Quand tu te respectes, les gens te respectent. Quand tu t'aimes, tu brilles. Une fleur ne cherche pas à être aimée. Elle est, c'est tout. »

La musique pour soigner les blessures de l'enfance

Quand on écoute Zaz parler de ses blessures, comment ne pas penser à Barbara ? Pendant de très nombreuses années, celle-ci a refusé d'évoquer son passé. Victime d'inceste, Barbara était torturée par son inconscient qui la menait à des épisodes dépressifs. C'est lorsqu'elle a commencé à écrire que ses failles lui sont apparues au grand jour. L'expression musicale lui a permis de sortir peu à peu de ses angoisses ; en tout cas, de leur donner un sens intime.

Quant au chanteur Michel Berger, il a trouvé refuge dans la composition après un drame familial : son père, médecin spécialisé en néphrologie, a décidé de diriger lui-même une opération sur sa propre personne, sans anesthésie, au point d'en perdre connaissance. À son réveil, il ne reconnaissait plus son épouse ni ses enfants, et a décidé par la suite de les quitter sans donner signe de vie. Peu de temps après, Michel Berger a pris la décision de ne plus porter le nom de son géniteur. Tout son répertoire, empreint d'absence et de solitude, semble traversé par ce traumatisme.

Pour Jean Ferrat, la chanson « Nuit et brouillard », qu'il écrivit en 1963, relate comme nulle autre les atrocités de la Seconde Guerre mondiale. Il n'hésita pas à revenir sur la mort de son père, assassiné par les nazis à Auschwitz en 1942. Tout au long de sa carrière, le chanteur de « Nul ne guérit de son enfance » mettra en musique ses cicatrices personnelles, tout comme ses engagements féministes et politiques.

EDDY MITCHELL : « SANS LA MUSIQUE, J'AURAIS BRAQUÉ UNE BANQUE »[1]

Eddy Mitchell n'y va pas par quatre chemins : le rock lui a permis d'éviter la délinquance et l'errance, à l'heure où ce courant musical était un véritable transformateur de violence. La chanson fut ainsi un moyen pour lui d'échapper à l'illégalité et de sublimer ses désirs transgressifs. Sans musique, il aurait fait, à l'entendre, de grosses erreurs de jeunesse. Il a écrit « Né dans le ghetto », l'un de ses derniers titres, en se faisant la réflexion que le rap correspondait au phénomène qu'avait été le rock dans les années 1950. Aujourd'hui, ce sont les rappeurs que l'on considère comme des dealers, des voyous, alors que, précisément, la musique les a sauvés de tout ça. Pour sa génération, le rock'n'roll a été une révolution.

« Quand je me souviens des débuts de Bill Haley, de l'effet que ça a eu sur moi quand je l'ai écouté

1. Entretien avec l'auteure, février 2022.

pour la première fois, pas de doute : la musique m'a transformé. J'aurais vraiment pu faire des bêtises sans cela. » À quinze ans, Claude Moine ne s'appelle pas encore Eddy ; il est garçon coursier et traîne ses santiags d'adolescent au square de La Trinité dans le 9e arrondissement de Paris, avec deux autres blousons noirs : Jean-Philippe Smet, qui vole des disques et des Vespa, et Jacques Dutronc, fasciné par les deux autres. « Johnny était le spécialiste pour piquer les vinyles. C'est comme ça que nous sommes devenus amis. Un soir, dans une surboum, il a tenté de me voler les miens ; je m'en suis aperçu et je ne me suis pas laissé faire. Une bonne bagarre, ça crée des liens. »

Soixante-cinq ans plus tard, le rocker de quatre-vingts balais se souvient et chante : « Musique, tu es venue me sauver, en martelant ton rock déjanté, musique, oh merci d'exister, tu es l'identité des cités. »

« J'aurais pu devenir un voyou quelconque, finit-il par avouer, s'il n'y avait pas eu la musique dans ma vie… J'aurais braqué des banques ! »

La musique pour sortir de la délinquance

« J'étais en échec scolaire et je l'ai longtemps caché à mes enfants[1]. » C'est avec cette phrase que le chanteur Calogero résume l'histoire de sa chanson « Stylo vert » lors de la promotion de son album *Centre-ville*. Puis il se livre davantage sur son enfance, à Échirolles, dans la banlieue de Grenoble. Ce fils d'immigrés siciliens n'a pas souffert directement du racisme, mais des bagarres dans son quartier, dont il s'est tout de même senti protégé par ses frères aînés. *A contrario*, c'est à l'école qu'il a reçu des coups : ses enseignants lui tiraient les cheveux et le giflaient. Aujourd'hui père de quatre enfants, il demeure anxieux face à la banalisation de la violence sur les écrans et reconnaît volontiers que sans la musique, il aurait « fait des conneries ».

Quant à Maître Gims, il a, lui, été un enfant de la rue. Réfugié, immigré du Zaïre devenu République démocratique du Congo, il a connu la précarité, les squats, l'Aide sociale à l'enfance, les foyers, les internats. Il admet avoir été « à deux doigts d'aller de l'autre côté, du côté obscur de la force. Tout ce qui est drogue, violence, braquage,

1. Interview de Calogero, Europe 1, 15 décembre 2020.

[il a] connu, [il a] grandi avec des gens de cette espèce-là aussi[1]. » Passionné par la musique, il a été séduit par le rap américain, puis par le rap français dans lequel il s'investit fondamentalement, jour après jour.

---

1. Interview de Maître Gims, France Info, 15 février 2016.

NICOLAS MAURY : « UN GARÇON PAS COMME IL FAUT »[1]

Nicolas Maury a été élevé dans un monde furieusement féminin, qui a très nettement déteint sur ses goûts musicaux. À l'adolescence, la voix aiguë de Vanessa Paradis lui permet de retrouver un peu de cette chaleur maternelle, de cette enfance où la fragilité et la différence faisaient de lui un garçon sensible, mais déjà si combatif.

« [La musique] a participé à ma construction. Quand j'étais enfant, j'étais éteint. Voilà le mot qui me qualifiait le plus : éteint. À l'école, avec mes cousins… je n'étais pas comme eux, je me sentais différent et affirmer mes préférences musicales me permettait de marquer ma différence. Vanessa chantait très aigu, et je suis très sensible à l'aigu, qui me renvoie sûrement à la voix de ma mère, à celles de mes cinq sœurs… Et puis, Vanessa était ostracisée. Elle n'était pas aimée à ses débuts. Elle a ainsi été comme la première affirmation de moi-même.

1. Entretien avec l'auteure, mars 2022.

Une affirmation de nous-mêmes, voilà ce que sont les chansons qui comptent pour nous. On ressent quelque chose physiquement quand un texte nous parle. Il s'exprime vraiment à notre place. Marilyn et John… Il y a des mots qu'elle prononce qui me vont droit au cœur. Quand elle dit : "Ni triste ni gai", quand elle parle du "spleen qui mousse dans [s]on bain"… Marilyn attend John. Elle a beau être une star, elle vit la vie d'une femme amoureuse qui attend quelqu'un pour la rendre heureuse. Moi aussi, j'attendais quelqu'un. À l'adolescence, j'écoutais surtout des artistes féminines, Françoise Hardy, Barbara, Anne Sylvestre et son magnifique titre "Les gens qui doutent". À la première écoute, c'est devenu une vibration très intime. Cette idée que la force est dans les êtres fragiles, que l'étendard serait d'avancer avec ce que nous sommes. »

Nicolas Maury, adolescent, se reconnaît dans ces « gens qui doutent », « ceux qui paniquent, ne sont pas logiques, enfin pas "comme il faut" ». C'est un garçon pas comme les autres. Cette chanson a sans doute participé de sa construction et lui a permis d'accepter sa différence.

« Promener son automne au printemps, cette phrase est sublime, dit-il avec jubilation. Promener son automne au printemps, c'est ce que j'ai toujours fait, c'est un art de vivre, une mélancolie de vie. Une mélancolie qui serait active et non passive. Virginia Woolf évoquait si bien l'idée d'avoir une chambre à soi. Avoir des chansons dans nos vies, c'est avoir des mélodies à soi. »

Femmes icônes pour hommes sensibles

Force, fragilité, enfance perdue, ambiguïté sexuelle, quête d'un lien ou d'une reconnaissance maternelle… Les chansons écrites et interprétées par des femmes véhiculent souvent des émotions intimes étrangères aux hommes qui se défendent de leur féminin. À l'inverse, ceux qui l'assument se sentent attirés vers ces voix. Elles cristallisent, exorcisent. Ces morceaux révèlent, dès l'enfance, une féminité qui les interpelle, les questionne, les charme. Ces hommes se laissent séduire par une expression, une prestance, un habit, une émotion, une invitation à s'enivrer. Le compositeur de jazz Ibrahim Maalouf a consacré un album entier à Dalida. Bilal Hassani se déhanche sur Beyoncé. Dans la bande originale de sa vie, en partie anglophone, le chanteur Keen'V évoque Adèle, Brandy et Monica. Barbara, Kylie Minogue, Madonna, Mireille Mathieu, Sylvie Vartan, Mylène Farmer, Maria Callas sont autant d'icônes qui implosent dans le cœur des hommes, leur transmettent le bonheur de vivre librement et de s'épanouir pleinement.

DANIEL AUTEUIL : « UN CŒUR TROP PLEIN D'ÉMOTIONS »[1]

Accompagné d'un guitariste et d'un pianiste, Daniel Auteuil a soixante-onze ans quand il décide de réaliser son rêve : chanter sur scène. Il conçoit un spectacle voyage au royaume des poètes qu'il appelle le « Déjeuner en l'air ». Des vers de Victor Hugo, Voltaire et quelques autres, mis en musique par lui-même. « Pourquoi chanter ? Parce que j'avais le cœur trop plein d'émotions. Je me suis aperçu finalement que les mots ne suffisaient pas à ces émotions et que j'avais besoin de rajouter de la musique », explique le comédien. Des airs d'opéra de ses parents à l'intelligence nostalgique de Souchon, l'artiste a un parcours jalonné de chansons, comme si sa carrière éblouissante d'acteur de cinéma et de théâtre devait le mener inexorablement à l'élan musical.

« Mes parents passaient l'essentiel de leurs soirées avec des amis, quand ils ne travaillaient pas.

1. Entretien avec l'auteure, avril 2022.

Ils étaient tous les deux chanteurs d'opéra. Pendant toute mon enfance, j'ai été bercé par tous les airs… Mon père et ma mère partaient de la maison pour aller accomplir leur métier d'artistes en chantant Verdi, Puccini… Je les regardais sortir et restais seul dans ma chambre ; je faisais semblant de dormir quand ils revenaient avec le même rire. J'assistais à leurs répétitions. J'ai même fait le fils de Madame Butterfly à l'âge de quatre ans, à la demande de ma mère ! La chanteuse qui jouait le rôle pleurait énormément et cela m'inquiétait… Mais le plus bizarre, le plus contradictoire pour moi, a été le moment où j'ai dit à mes parents que je voulais aussi travailler dans le spectacle. Ils n'étaient pas d'accord. Je ne comprenais pas pourquoi ils voulaient m'interdire de faire un métier où ils allaient en riant ! Je me suis senti très seul ce jour-là. En vérité, c'est la chanson française qui m'a marqué. Édith Piaf, Reggiani, Aznavour, Adamo, Bécaud, Brel… Tous ces gens-là. Mon adolescence est bercée de chansons mélancoliques. Quand on est triste et que l'on a un chagrin d'amour, on ressent une sorte de volupté à pleurer en même temps que l'autre qui nous raconte son histoire. La chanson, c'est aussi un moyen de repenser à un amour ancien. La nostalgie intelligente de Souchon m'accompagne beaucoup. La vie ne vaut rien, rien ne vaut la vie, qu'est-ce que j'aime ce titre ! »

Les acteurs et la chanson : une grande histoire d'amour

Lorsque l'on parle d'un chanteur, on parle également d'un interprète. C'est ce même mot que l'on utilise pour un acteur, un comédien, lorsqu'il « joue » un rôle. Dans l'interprétation, il y a l'action de traduire, de dégager, d'attribuer un sens à un texte, de se l'approprier pour en restituer l'émotion, l'intention d'un personnage. Il y a la faculté de se mouvoir, de se faire autre, d'incarner. C'est une évidence pour les acteurs dont c'est le métier. Cependant, la sensibilité artistique de ces derniers est souvent multiple. La frontière entre le cinéma et la chanson est finalement mince. On y retrouve des similitudes.

Johnny Hallyday évoquait au début de sa carrière cinématographique l'ambiance des tournages dont il appréciait le calme, les attentions particulières. Il avait l'impression de faire partie d'une famille et n'aurait pu choisir entre la musique et le cinéma. Serge Reggiani, lui, fut d'abord acteur avant de devenir chanteur. Après avoir enchaîné les rôles dans des films d'après-guerre, il se lança dans la chanson, qui l'avait toujours inspiré, sur les conseils de ses amis Simone Signoret et Yves Montand, puis de Barbara qui l'a pris sous son aile bienveillante. Charles Aznavour a également mené une carrière d'acteur en parallèle de son parcours musical, apparaissant dans pas moins de 63 longs-métrages et téléfilms !

Et puis, il y a les autres, ces acteurs dont on reconnaît davantage le talent sur grand écran que la carrière furtive et abrégée dans l'industrie du disque, à l'image d'Annie Girardot, François Berléand, Michel Piccoli, Sophie Marceau… Tous gardent en commun de cuisantes expériences dans la chanson.

Troisième partie

CES CHANSONS QUI TRANSFORMENT LE CŒUR

Par Joseph Agostini

Ils s'appellent Junie, Chloé, Coline, Sébastien, Louis ou Martial. Ils se disent traversés par la chanson française. Mais pour eux, il ne s'agit pas seulement d'une expression. Ils ont vécu certains titres au plus profond d'eux-mêmes. Ils les ont « rencontrés », dans le vrai sens du terme. La chanson, son rythme, son interprète, ses propos… Tout cela crée une symbiose qui nous transforme. Morsure de l'inconscient ! Le mot « rencontre » est si galvaudé de nos jours. On rencontre pour oublier presque aussitôt. On switche, on ghoste, on se lasse… Pour eux, il en a été tout autrement. Les chansons sont venues « faire sens » et leurs interprètes, par leurs voix, ont sacralisé un instant fatidique, ont donné la force de vaincre, ont littéralement incarné la vie.

Certains d'entre eux n'avaient aucune inclinaison particulière pour la variété avant de découvrir la puissance d'un texte, le génie d'une mélodie. D'autres ont reconnu un chanteur comme un phare dans la nuit. Parce que c'était lui, parce qu'il en allait d'un coup de foudre au-delà de la raison, pour surnager dans un monde trop fade ou trop douloureux. L'être humain ne fait pas que parler, il écoute. Les sons sont codés par l'intermédiaire du cortex cérébral composé de l'aire de Broca, de l'aire de Wernicke, et du fascicule longitudinal supérieur. « La voix est une énigme pour le corps qui ne sait s'il la crée, la reçoit ou s'en délivre[1] », écrit Marie-France Castarède. Entre « avoir une chanson dans la tête » et « être cette chanson », la frontière est mince. Les imageries cérébrales ne laissent aucun doute : les « neurones miroirs » sont une catégorie de neurones du cerveau qui nous permettent de vivre une émotion en regardant ou en écoutant l'autre en train de l'éprouver[2].

La musique est ainsi l'art mystique par excellence. Les Grecs de l'Antiquité avaient élu Apollon dieu de la musique, car il avait le don de réunir la beauté et l'ordre. Les Égyptiens adoraient Hathor,

1. Marie-France Castarède, *La Voix et ses sortilèges*, Paris, Belles Lettres, 1987.
2. Giacomo Rizzolatti, Corrado Sinigaglia, *Les Neurones miroirs*, Paris, Odile Jacob, 2011.

déesse représentée sous la forme d'une vache portant un disque solaire entre ses cornes en forme de lyre pour symboliser la puissance de l'instrument. Quant aux Indiens, ils célèbrent encore aujourd'hui la musique de Shiva, un dieu danseur et facétieux aux bras innombrables. Pour les primitifs, il n'existait pas de différence entre le sacré et le profane. Les chants, qu'ils soient nuptiaux, funèbres, de procession ou de travail, scandaient l'existence. Rien d'étonnant donc à ce que les musiques, toutes les musiques, accompagnent nos moments, des plus solennels aux plus banals, à l'heure où l'on se cherche et où les mots des autres viennent border notre solitude, notre mal de vivre, notre volonté d'aller de l'avant. Nous sommes partis à la découverte de ces personnalités très singulières, qui nous ont délivré un pan de leur histoire avec la chanson.

JUNIE, POUR L'AMOUR DE CLOCLO

À soixante-neuf ans, Junie profite sereinement de sa retraite en Normandie. Après avoir tenu un salon de coiffure pendant quarante-trois années de sa vie et élevé ses quatre enfants, elle a besoin de couler des jours paisibles auprès de son mari, Jean-Charles. Ensemble, ils arpentent la France en Airbnb, leur péché mignon, quand ils ne partent pas en croisière sur le Nil ou le Danube. À première vue, Junie est une femme calme, douce, attentive à ses petits-enfants, soucieuse de profiter du temps qui lui reste avec une tempérance perceptible sur le visage.

Pourtant, une pièce de sa belle maison en briques rouges dans la campagne normande contraste totalement avec son tempérament. Cette pièce est « à part », protégée d'une cloison épaisse. On la croirait hors du monde. Elle est consacrée à Claude François, l'idole de Junie depuis le début de son adolescence. Cela fait pourtant bientôt quarante-cinq ans que l'interprète d'« Alexandrie, Alexandra » et de « Magnolias Forever » a succombé à une électrocution dans sa salle de bains, un après-midi de février 1978. Cependant, quand Junie évoque *son* Claude, le temps paraît s'être arrêté. Rien n'est venu interrompre sa dévotion à l'égard de l'artiste. Rien, et surtout pas la vie, avec sa somme d'échecs, de banalités, de conventions… La chanson transcende tout cela. « Claude, c'est tout pour moi », résume Junie. Tout ? Mais alors quelle place réserve-t-elle à son mari, ses enfants, ses petits-enfants, dont les photos remplissent les murs de toutes les autres pièces de sa maison ? Junie sourit. « C'est une façon de parler. Mais ils ne peuvent pas comprendre quand je parle de cet amour. Mon mari est tolérant, il ne me juge pas… Il a toujours su », poursuit-elle, comme un aveu de relation extraconjugale.

Il y a de l'ivresse, de la déréliction, de la démence à se laisser porter par l'autre à ce point. Junie se souvient avec précision de la première fois qu'elle a vu Claude François à la télévision, dans une émission de variétés présentée par Michel Drucker : « Ma vie était plongée dans la nuit et il y eut comme un grand rayon de soleil. » On croirait justement les paroles d'une chanson de Cloclo !

Junie, enfant de la Ddass, a passé l'essentiel de sa jeunesse dans des foyers d'accueil pour adolescents. Il y avait alors une seule chaîne de télé et tous les résidents étaient réunis autour du poste, dans la salle du fond, à côté de la cuisine collective. En apercevant le chanteur, Junie a eu le sentiment d'avoir vu son « homme idéal », celui qui incarnait tout ce dont elle rêvait en secret, dans sa petite chambre, où un lit une place le disputait à un grille-pain. Alors que ses copines de classe aimaient bien Cloclo, comme elles aimaient Sylvie Vartan, Johnny Hallyday ou Jacques Dutronc, Junie a développé pour lui une forme d'idolâtrie, au point de bientôt lui consacrer tous ses weekends en rejoignant son fan-club. Ses heures de loisir étaient dédiées à la collecte des coupures de presse, des photos des magazines… Il ne fallait pas qu'elle rate une miette de cette immense campagne médiatique, quinze années durant.

« Je me tenais informée de ses moindres faits et gestes. Quand il y avait des rumeurs qui visaient ma vedette dans les journaux à scandale, j'étais capable de prendre ma plus belle plume pour écrire au rédacteur en chef. Je plaidais pour Cloclo, en expliquant aux journalistes pourquoi écrire de telles bêtises était malhonnête et dégoûtant. C'était un peu comme s'attaquer à moi ! » Derrière les mots de Junie, on lit l'identification à la star, le sentiment profond qu'il la représente, qu'il recèle une partie d'elle, certainement la plus précieuse.

La plus fragile aussi. Junie n'est pas dupe : elle sait bien que sa passion est née d'une carence affective très profonde. Fille unique, retirée à sa mère alcoolique alors qu'elle était seulement âgée de quelques mois, de père inconnu, elle a été ballottée de familles d'accueil en foyers, avec la peur du lendemain et la profonde crainte d'être abandonnée. Claude François n'a pas seulement été un chanteur pour elle, mais une véritable planche de salut. « Au début de la vie, l'espace sonore du bébé ne se réduit pas à la voix mélodieuse de sa mère. C'est une enveloppe sonore trouée qui sera sienne : bruits effrayants, cris de colère, de faim, de détresse, si le bébé reste trop longtemps voué à la solitude[1] », écrit Marie-France Castarède. Dans le cas de Junie, la voix de Claude François paraît être venue prendre le relais d'un lien carencé, mis à l'épreuve, venant protéger cette femme d'un chaos.

« Penser à Claude me faisait du bien, explique-t-elle avec pudeur. Je m'étais inventé une sorte d'histoire à dormir debout. Je le voyais comme un prince charmant qui allait me dire quoi faire dans la vie. J'écoutais ses chansons et je pleurais, je riais… Je pensais à ce qu'il ressentait en les interprétant. » Junie vit avec Claude François depuis ce fameux jour où elle l'a découvert à la télévision. Elle l'a rencontré

1. Marie-France Castarède, *La Voix et ses sortilèges*, *op. cit.*

à plusieurs reprises, à l'issue de multiples concerts auxquels elle assistait des premières loges, entourée d'une bande d'admirateurs du même calibre.

« Nous étions comme une famille, des frères et sœurs qui avaient élu la même star. » La messe est dite : Junie parle d'élection, de révélation, de consécration… et même de fratrie ! La fan attitude prend ici des tournures sacrées, convoque la croyance magique dans un être. « À chaque fois, poursuit-elle, il avait un mot gentil pour nous. Mais je pense qu'il ne réalisait pas bien le sacrifice que nous faisions par amour. Nous dépensions toutes nos économies pour aller le voir, jusque dans les coins les plus perdus de France. Nous avons fait des milliers de kilomètres pour lui ! Nous lui dédiions vraiment toute notre vie. » À chaque concert, Junie reprenait tout le récital par cœur, toujours avec la même fièvre dans la voix. « Ma mère était analphabète et j'ai eu de grosses difficultés à l'école au début de ma scolarité. C'est Cloclo qui m'a donné la passion de la lecture car j'aimais apprendre les paroles de ses chansons, les unes après les autres. Petit à petit, j'ai pris goût à l'écriture. J'ai même inventé des chansons à certains moments de mon adolescence. »

Alors que le fan peut parfois se complaire dans une passivité totale, comme un ver de terre transi d'amour devant l'étoile, Junie a déployé des trésors de créativité au contact de Claude François. Cette rencontre sublimée lui a donné des clés de compréhension d'elle-même. « Quand il a choisi d'interpréter "Le téléphone pleure", qui raconte l'histoire d'un papa qui ne peut plus voir sa petite fille, j'ai pris ça pour un signe. Je ne connais pas moi-même mon père et je me suis complètement reconnue dans l'enfant à l'autre bout du fil. Cette chanson a été comme un électrochoc pour moi. J'ai compris que mon père n'était peut-être pas responsable de mon placement. J'ai commencé à me poser des tas de questions sur lui… La chanson de Cloclo parlait d'une fillette abandonnée. Cette fillette était comme moi. Cela n'a l'air de rien mais ça m'a donné du courage. »

Junie a commencé son apprentissage de la coiffure à ce moment de sa vie. « J'ai voulu me prendre en main. J'écrivais à Claude tous les jours dans un petit calepin que je ne montrais à personne. Je savais que le moment viendrait où je le lui ferai lire. » L'idolâtrie est devenue pour Junie un véritable chemin initiatique au bout duquel elle rêvait un face-à-face avec le chanteur, qui prendrait enfin le temps de découvrir son carnet intime, de la regarder comme elle était vraiment.

Bientôt, Junie a rencontré son mari et eu son premier enfant. « Il est né à la fin de l'année 1977.

Trois mois plus tard, j'apprenais la nouvelle alors que je me trouvais dans mon salon de coiffure. Une cliente est arrivée, catastrophée. En voyant mon sourire, elle a compris que je ne savais pas encore ce qui s'était produit. Je me suis effondrée et j'ai dû immédiatement fermer le salon. Pour moi, il y a un avant et un après cette mort. »

Depuis ce 11 février 1978, Junie va régulièrement se recueillir sur la tombe de Cloclo, au cimetière de Dannemois dans l'Essonne. « Au début, j'ai vécu son décès comme un acharnement du destin. Je n'en avais pas eu assez ! L'abandon, le placement, les galères... Alors que j'étais enfin heureuse, mon idole mourait, dans des circonstances affreuses. Et puis, j'ai pardonné à la vie. Je continue avec Claude au quotidien et je n'ai pas cessé d'écrire sur mon carnet. Il ne l'a jamais lu, peut-être, mais je l'ai récemment montré à ma petite-fille. Elle a compris ce que je pouvais ressentir à son âge pour un inconnu. Elle me connaît mieux que personne, avec mes souffrances et mes manques. Et c'est un peu grâce à Claude et à ses chansons que j'ai réussi à écrire ma vie et à lui en parler. »

Une résilience par l'admiration

Le terme « résilience » définit, à l'origine, la résistance aux chocs d'un matériau. En psychologie, ce concept, popularisé par Boris Cyrulnik, désigne la volonté d'un individu à vivre en dépit d'événements traumatiques et douloureux dans son passé. Les chansons peuvent nous redonner de l'espoir et contribuer à notre construction psychique. Si l'amour à sens unique semble dangereux et sans issue, l'exemple de Junie nous montre également ses vertus. En imaginant un lien avec Claude François, elle a alimenté un imaginaire poétique propice à la rêverie. Au lieu de sombrer dans la passivité, la jeune femme est parvenue à se fixer des objectifs et même à accéder à une écriture personnelle, qu'elle a pu transmettre à un membre de sa famille. À son sujet, le mot « résilience » prend tout son sens car son admiration a été vecteur d'un élan vital. S'identifier à une personne célèbre, rêver sa vie peut sauver des affres de la dépression, à condition de ne pas vivre par procuration, mais de se servir de cet amour sublimé pour se réaliser soi-même.

À votre tour, prenez une feuille, un stylo et évoquez une personnalité qui vous a particulièrement fasciné lorsque vous étiez adolescent. Essayez de dégager les qualités de cœur ou d'esprit qui ont le plus attiré votre attention quand vous l'avez découverte. En quoi se distinguait-elle des autres ? Pourquoi auriez-vous souhaité la rencontrer en particulier ? Établissez ensuite la liste des points de ressemblance avec votre idole. Servez-vous de cette liste pour réfléchir à ce que vous pourriez développer en vous-même.

Cloclo forever

Le fan-club national et officiel de Claude François est situé à Mallemoisson, près de Digne, dans les Alpes de Haute-Provence. Jean-Claude Khatchadourian, paysagiste, en est le président. Il avait dix-huit ans en 1978, à la mort de son idole. Aujourd'hui encore, avec la bénédiction de Claude François Junior, il continue de proposer des rencontres entre fans du chanteur autour d'événements exceptionnels tels que des concerts de sosies, des soirées festives, des réunions de collectionneurs, sans oublier un magazine trimestriel et des vinyles. Pour le 45e anniversaire de la disparition du chanteur, le club travaille même à une grande exposition.

MARTIAL, LES CHANSONS DU DEUIL

Avec « Ne retiens pas tes larmes », Amel Bent, l'une des candidates de *La Nouvelle Star* sur M6, radiocrochet ultra-populaire de la télévision française, évoquait la vocation première de la chanson : faire pleurer, amener l'émotion brute à l'éclosion lente et progressive, au fil de la mélodie et des couplets. De récentes études scientifiques prouvent que la décharge lacrymale permet d'améliorer la circulation sanguine et de stimuler le système immunitaire. Les larmes émotives contiennent une teneur élevée en protéines, en manganèse et en potassium. Quand elles coulent, le contrôle musculaire se relâche et la pression artérielle diminue[1].

Ne retiens pas tes larmes
Laisse aller ton chagrin
C'est une page qui se tourne
Et tu n'y peux rien

1. « Pleurer peut vous rendre plus sain », *La Presse*, 13 novembre 2008.

Ne retiens pas tes larmes
Pleurer ça fait du bien[1]

Martial est un jeune commercial sportif, passionné de plongée sous-marine. Quand il est arrivé dans mon cabinet, il n'aimait pas trop s'attarder sur ses sentiments. Pompier volontaire pendant ses années d'études, il avait eu l'habitude de voir les scènes de la vie les plus déchirantes et s'était créé une sorte de carapace. Ses parents le lui reprochaient souvent. Au mariage de sa sœur, alors que toute la famille se laissait émouvoir, Martial est resté de marbre, au point que la mariée lui en a fait la réflexion cinglante, au cours de la fête qui a suivi la noce.

Enfant, il était pourtant bavard et chaleureux. Personne dans son entourage ne s'expliquait ce changement de comportement. En séance, Martial l'a relié à une forme de réserve, proportionnelle à la personnalité sanguine de ses deux parents et de sa sœur. Il supportait mal les repas animés, les railleries permanentes, les coups d'éclat de fin de soirée. Cela le fatiguait. Seulement voilà : il avait choisi une compagne aussi impétueuse que tout ce petit monde. Ironie de l'inconscient… « Christelle fume, boit, s'amuse en soirée en montant sur les tables. Alors que je n'ai jamais touché une cigarette de ma

1. Amel Bent, « Ne retiens pas tes larmes », musique et paroles de Franck Sitbon, 2005, © by SIDOMUSIC Liechti & Cie.

vie et que je ne bois qu'à de très rares occasions. À la maison, il y a de la musique tout le temps. Christelle adore les variétés ! J'ai droit à tout le répertoire de Vianney, Daniel Balavoine, Laurent Voulzy, Vincent Niclo et même Michel Sardou, en boucle ! Alors que moi, je n'ai aimé très tôt que le rock alternatif… »

Martial a du mal avec « le bruit des autres ». C'est ainsi qu'il qualifie tout ce tohu-bohu quotidien. Il pense même à un « trouble autistique » – c'est l'expression qu'il utilise – qui justifierait une telle aversion. J'entends surtout qu'il a besoin de tout maîtriser, au point de ne pas pouvoir partager un instant festif, un moment musical, au point de ne finalement pas supporter l'autre quand il hausse le ton, rit, pleure, conteste. Son expérience de pompier volontaire abonde dans ce sens. Martial est toujours là pour aider mais jamais pour éprouver. Il est celui sur qui on peut compter, jamais celui qui se confie, montre ses failles. Sa passion pour la plongée sous-marine en dit également long sur ce besoin d'autarcie, de silence total, presque minéral. Pourtant, en choisissant Christelle pour partenaire de vie, il essaye tant bien que mal de faire la paix avec sa famille, de dépasser cette impossibilité.

La thérapie de Martial avance difficilement car il se cramponne à son désir de tout contrôler. Il ne s'émeut jamais en séance. Le discours est froid, peu labile, opératoire. Il décrit ses faits et gestes, ceux de son entourage, mais il est incapable de les commenter. J'essaye de l'aider à révéler un peu de lui-même, mais il se ferme, opiniâtre, sans me laisser entrer dans son monde interne.

Et puis, vient le jour tragique, écrit à l'encre rouge dans la vie de mon patient. Sa compagne se tue dans un accident de scooter sur le périphérique alors qu'elle rentrait chez elle après une journée de travail. Elle meurt sur le coup. Le choc est terrible. Martial reçoit l'annonce de plein fouet, sur un coup de téléphone laconique de l'hôpital, qui ne lui laisse pas le temps de se préparer à un tel tsunami psychique. Il perd connaissance en arrivant aux urgences et est maintenu en observation durant quarante-huit heures, veillé par ses parents, venus en catastrophe de Bretagne. Il aura le plus grand mal à admettre l'inacceptable. Il ne pourra même pas assister aux obsèques de son épouse tant sa peine sera intarissable.

S'ensuivent deux ans de reconstruction. Deux ans de séances hebdomadaires particulièrement éprouvantes. Martial « accède aux larmes » à la suite de ce drame absolu. Il s'autorise à pleurer. Et un remarquable phénomène se produit alors : l'univers musical de Christelle, qui lui était autrefois si insupportable, lui apparaît soudain vital. « La musique n'est-elle pas une sorte de temporalité enchantée ? Car si elle est toute temporelle, la musique est du même coup notre protestation contre l'irréversible. En musique, la répétition n'est pas redite[1] », écrit Vladimir Jankélévitch. Les chansons d'amour que Christelle écoutait, leurs paroles simples, un peu faciles par moments, prennent une dimension solennelle pour Martial.

La beauté des interprétations de Christelle lui saute au visage. Il lui arrive de passer des heures à se souvenir d'elle en train de chanter, plié de douleur, en rentrant du travail, dans une véritable catharsis. Au contact de ses refrains, il lui semble retrouver sa compagne, et tout ce qu'il n'a pas su percevoir d'elle de son vivant. « Je n'aurais jamais cru chialer comme une madeleine sur Sardou, putain ! » me dit-il, en se souvenant que la chanson préférée de Christelle était « Je vais t'aimer » et qu'il l'avait taxée de ringarde quand elle le lui avait confié.

La mort a ainsi auréolé le kitsch d'une dorure unique : celle du manque. L'absente est partout, à commencer dans les mélodies qu'elle affectionnait le plus, car celles-ci paraissaient contenir son âme.

1. Vladimir Jankélévitch, *L'Enchantement musical*, Paris, Albin Michel, 2017.

Comment Martial va-t-il pouvoir admettre la mort de Christelle en se ressassant ces promesses à jamais vaines ? Après tout, il pourrait tout bonnement mourir de chagrin, lui qui a passé tant d'années sans pouvoir en exprimer. Mais, et c'est le charme puissant de la musique, tant de larmes n'ont pas tué Martial. Au contraire, ces larmes ont fait le lit d'une vie nouvelle, plus lucide sur l'éphémère des choses humaines, sur la nécessité pour chacun d'exprimer ses émotions, de les donner en partage. Deux ans après la mort de Christelle, il a refait sa vie avec une femme qui – cela ne s'invente pas – est musicienne.

L'idéalisation, une étape dans le deuil

Le processus de deuil induit toujours une idéalisation du défunt. Pour admettre sa disparition, ses proches ont tendance à valoriser ses qualités, à ne se souvenir que des bons moments en sa compagnie. C'est une période essentielle dans le deuil, parfois une manière de faire la paix avec l'absent. Sans cette idéalisation, le deuil peine à se faire. Il est plus lent, plus insidieux, comme s'il ne s'assumait pas. Certaines chansons, par leur lyrisme, paraissent taillées pour la personne endeuillée car elles traduisent sa tristesse, l'allégorisent, lui donnent une portée collective. Ainsi, grâce à la musique de Christelle, Martial s'est senti moins seul dans son chagrin. Il s'est laissé accompagner dans le deuil par ces voix qui ont tant compté pour elle. Il a pu « se lâcher » dans son désarroi et franchir cette étape vers l'acceptation.

Vous êtes peut-être, alors que vous lisez ce livre, en train de passer par une étape difficile. Prenez une feuille, un stylo et tentez de nommer ce qui vous fait tant de bien dans l'écoute de vos chansons favorites. Pour chacune, n'hésitez pas à écrire vous-même un texte poétique, peut-être une suite à la chanson ou une simple évocation de vos pensées du moment. La capacité d'exprimer ses émotions négatives sans se retenir, avec le souci de donner une liberté totale à sa sensibilité, œuvre pour de bon dans le processus de rétablissement. Se cacher de ses émotions, s'acharner à les fuir retarde, au contraire, ce mouvement salutaire vers l'acceptation de son chagrin.

Tu ne m'as pas laissé le temps

De nombreuses chansons françaises évoquent le deuil d'un être cher, telles « Vole » de Céline Dion, « Tu planes sur moi » du duo Native ou « Mon vieux » de Daniel Guichard. La chanson « Tu ne m'as pas laissé le temps » de David Hallyday a culminé au sommet des ventes de disques en

1999 avec plus d'un million d'exemplaires. Ce titre, coécrit avec Lionel Florence, a reçu le prix Vincent-Scotto de la Sacem. Il s'agit d'un hommage au grand-père maternel de David, le père de Sylvie Vartan, disparu en 1970, alors que l'enfant n'avait que quatre ans. « On devrait toujours dire avant l'importance que les gens prennent quand il est encore temps », dit la chanson, extraite de l'album *Un paradis/Un enfer*.

COLINE ET SÉBASTIEN, DIS-LUI TOI QUE JE T'AIME

En tant que psychanalyste, il m'arrive souvent de recevoir des couples en souffrance. Ces thérapies diffèrent de très loin des séances individuelles, dans la mesure où mon rôle est alors celui d'un tiers. Il s'agit de réinsuffler du dialogue entre deux êtres présents devant moi. C'est un travail de copensée, de cocréativité qui doit alors s'opérer. En thérapie de couple, le psy tente, par ses interventions, de dénouer les non-dits, les meurtrissures cachées, les paroles muselées, qui jalonnent toutes les vies conjugales, mais qui parfois les empêchent de se poursuivre. Dans les premières séances, les couples me racontent leur histoire de la manière la plus décomplexée, la plus désinhibée possible. Je les encourage toujours à dépasser leur peur, leur sentiment de honte. Il y va de l'efficacité thérapeutique de l'espace que nous créons ensemble.

Je me souviens de Coline et Sébastien quand ils ont franchi la porte de mon cabinet. La première était de seize ans l'aînée du second. J'ai immédiatement pensé à la chanson de Dalida « Il venait d'avoir dix-huit ans ».

Coline et Sébastien me consultent car ils ont le plus grand mal à avoir un enfant et se demandent si la cause de ces difficultés n'est pas avant tout d'ordre psychologique. « Les examens sont au beau fixe et, pourtant, nous n'y arrivons pas », m'explique le jeune homme.

Nous déplions alors l'histoire de cet amour, pour en comprendre les tenants, les aboutissants, les enjeux plus implicites, les possibles pierres d'achoppement. La thérapie de couple est avant tout un travail de déconstruction. À respectivement quarante et un et vingt-cinq ans, Coline et Sébastien se sont rencontrés alors que ce dernier venait d'atteindre la majorité. Coline était sa monitrice d'auto-école ! Elle était mariée, avait un projet d'enfant sur le court terme et ne songeait absolument pas à vivre une telle passion pour un homme beaucoup plus jeune. Les choses se sont imposées à elle. « J'ai compris que Sébastien comptait pour moi à la première heure de cours. J'ai tout de suite considéré que c'était très grave mais j'étais impuissante : nos sentiments étaient réciproques. Nous n'avions pas le droit d'écouter de la musique avec des élèves en voiture, mais là, c'était plus fort que moi : on a passé des heures et des heures à écouter des chansons d'amour sur CD. Comme des gosses ! Cela me faisait un bien fou ! » raconte Coline.

« Le temps musical est un temps mythique où circulent les rêves d'éternité de l'homme[1] », écrit Michel Imberty. Par une douce transgression – écouter un CD pendant un cours d'auto-école –, les amoureux quittaient l'aspect aléatoire du monde profane pour se propulser sur les cimes de l'absolu émotionnel. Ce qui était censé ne rester qu'une escapade s'est transformé en raison de vivre. « La musique a tout de suite beaucoup compté dans notre relation. On roulait avec Vanessa Paradis, Elton John, Billy Joël et Francis Cabrel ! » continue Sébastien.

Sous des dehors légers et insouciants, l'histoire du couple a pourtant commencé à la manière de la tragédie de Gabrielle Russier, cette enseignante tombée amoureuse de son élève en 1968. Après avoir été démise de ses fonctions puis emprisonnée et condamnée à l'opprobre public, la pauvre femme mit fin à ses jours l'année suivante. La chanson « Mourir d'aimer » de Charles Aznavour avait d'ailleurs directement été inspirée par ce drame.

1. Michel Imberty, « Le temps musical retrouvé », *Esprit*, 3, 1985, p. 589-590.

Pour Coline et Sébastien, les choses n'ont pas été simples non plus. La mère du jeune homme, en interceptant son courrier, a découvert la liaison qu'il entretenait avec une femme de seize ans de plus que lui, sa monitrice de surcroît ! Choquée, elle en a parlé au père de Sébastien, qui est directement allé voir Coline sur son lieu de travail pour la menacer de tout dire à sa direction, en la sommant de mettre fin à cette relation immédiatement. Quand Sébastien l'a appris, il a quitté le domicile familial et promis à ses parents de ne plus jamais les revoir. Son père a alors mis ses menaces à exécution, ce qui a entraîné le licenciement immédiat de Coline. Cette dernière a alors mis les bouchées doubles, se séparant presque aussitôt de son mari et emménageant dans un deux-pièces. Elle a rapidement proposé à son amoureux de la rejoindre. « J'étais encore au lycée et, avec le recul, j'étais beaucoup trop jeune pour supporter une telle pression. Quelques jours après m'être installé avec Coline, je l'ai quittée sans un mot d'explication », me raconte Sébastien, encore sous l'émotion des années plus tard. Le lycéen est alors sagement retourné chez ses parents, laissant son amoureuse en plan, dans une véritable détresse. « J'avais tout lâché pour lui et je me retrouvais seule, sans travail, dans un appartement minuscule. Je n'avais à m'en prendre qu'à moi-même car Sébastien ne pouvait qu'être immature, irresponsable, lâche… C'était de son âge ! »

Se sont ensuivis trois mois de silence radio. « Nous étions tous les deux encore très attachés l'un à l'autre mais nous n'osions pas revenir. Il y avait eu trop d'angoisse d'un coup. Je pensais que Coline allait retourner vers son mari, qu'elle allait m'oublier », se souvient Sébastien. Mais la jeune femme n'était pas encline à lâcher l'affaire si facilement… « C'était mal me connaître, commente-t-elle, un sourire sur les lèvres. Je voulais le reconquérir et je me suis dit que la musique était le meilleur moyen de le convaincre de mon amour. Tous les jours, je postais les chansons qui avaient compté pour nous sur Internet sans directement m'adresser à lui. Je les mettais en public sur mon compte Facebook, en sachant bien qu'il allait les écouter. J'y ajoutais des commentaires au sujet de la liberté amoureuse, du droit de chacun de disposer de son propre corps, de son désir. Je savais que Sébastien était jeune, mais mon amour pour lui était plus fort que tout ! »

Tous les soirs, comme un rituel, Sébastien s'endort doucement en réécoutant les chansons symboles de la première grande histoire d'amour de sa vie. « Si elle m'avait appelé, si elle avait essayé de me persuader de revenir avec les mots, je n'aurais peut-être pas cédé. J'avais trop peur d'elle. Avec la musique, j'ai pu faire le chemin progressivement. Je ne me suis pas senti forcé », analyse très bien le jeune homme. Bientôt, il décide par lui-même de recontacter Coline, qui lui donne rendez-vous dans un lieu neutre, un café, en se jurant de ne rien précipiter. « Par respect envers son âge », précise-t-elle, avec énormément de tact et de douceur. L'évidence des sentiments fait le reste : Coline et Sébastien se retrouvent. « C'est drôle, ma chanson favorite à cette époque était "Dis-lui toi que je t'aime" de Vanessa Paradis, et ce morceau disait vraiment à ma place à Sébastien que je l'aimais ! C'était comme un relais, j'avais besoin d'en passer par la musique car les textes des chansons étaient capables de le convaincre. »

La thérapie de couple a permis à Coline et Sébastien de retraverser leur histoire, de se souvenir ensemble des difficultés inaugurales qui avaient entravé la perception de leur union et leurs projections inconscientes plus qu'ils n'avaient pu l'imaginer. La musique est « le mirage heureux où l'on pressent une promesse, l'annonce d'un retour, la fin de l'existence séparée[1] », rappelle l'écrivaine Danièle Sallenave. En effet, Coline tomba enceinte au terme d'un long protocole d'insémination artificielle. Elle accoucha d'une ravissante petite fille, qu'ils choisirent de baptiser Vanessa.

1. Danièle Sallenave, *Les Portes de Gubbio*, Paris, Hachette, 1980.

Conquérir en musique

L'histoire de Coline et Sébastien montre la puissance de la chanson, sa capacité à transmettre des émotions, à remplacer les mots que l'on ne trouve pas soi-même pour révéler nos sentiments. Pour beaucoup de timides, les dédicaces à la radio ne sont pas que des divertissements mais représentent de véritables façons de s'assumer face à l'autre. La passion qui est née entre ces deux êtres n'a pas seulement transgressé les règles d'une auto-école. En assumant pleinement son statut de « cougar », Coline a défié la bonne morale des parents de Sébastien, mais elle l'a fait en douceur. Elle s'est montrée irréprochable en faisant usage de tact et de pudeur, sans brusquer le jeune homme, le laissant venir à son rythme. La musique enjôle et reste encore l'un des moyens les plus sûrs de séduire…

Prenez une feuille, un stylo et choisissez trois chansons que vous souhaiteriez faire écouter à votre chéri. Pour chacune d'entre elles, déterminez le passage qui vous évoque le plus d'émotions positives. Extrayez les trois passages, regroupez-les et envoyez-les à l'élu de votre cœur. Ils en disent forcément très long sur vos sentiments à son égard. Attention, n'ayez pas peur du ridicule ! En amour, il serait risible et tragique de ne justement pas vous abandonner à vos émotions.

Un road-trip ? jamais sans chansons !

Quand on parle road-trip, on imagine presque immédiatement la playlist qui va nous accompagner sur la route. Une enquête menée par Spotify en 2018[1] s'appuie sur les questions posées par Insurance4carhire, une compagnie d'assurances américaine spécialisée dans la location de voitures. Cette dernière affirme que sans musique, la plupart de ses clients ne peuvent même pas envisager le voyage ! Elle a dévoilé plusieurs classements triés en fonction des ambiances désirées. Dans le top 3 des morceaux les plus populaires sur la plateforme pour un road trip, on trouve « Mr Brightside » des Killers, « Sweet Home Alabama » de Lynyrd Skynyrd et « Don't Stop Believin' » de Journey.

1. « Les vingt-trois chansons les plus populaires pour un road-trip », *Géo*, 10 décembre 2018.

LOUIS, VIRIL EN MUSIQUE

À vingt ans, Louis entame des études de droit dans la perspective de devenir juriste. Ce garçon brun et déterminé me sollicite pour guérir d'une timidité qu'il considère comme maladive. « J'ai beau être fier de qui je suis, de mon parcours, je baisse les yeux quand je rencontre quelqu'un pour la première fois. J'ai un mal fou à m'imposer dans un groupe même si les gens m'accueillent avec le sourire. » Louis est homosexuel. Sa famille n'est pas au courant. Son père, un notaire parisien très à cheval sur ses valeurs, n'est certainement pas enclin à tolérer une orientation qu'il jugerait « déviante et perverse », selon son fils. Le ton est donné.

Toute sa jeunesse, Louis l'a vécue dans la hantise d'être identifié comme gay. Benjamin de deux frères rugbymen taillés comme des armoires à glace, il complexe sur sa petite taille et sa silhouette malingre. « Je suis comme un moineau au milieu d'aigles royaux. Vous voyez le tableau ? » Sa mère, si elle est un peu plus ouverte que les trois autres hommes de la famille, est aussi pétrie d'une morale chrétienne qui, selon Louis, l'empêcherait de l'aimer pour ce qu'il est. « Jamais elle n'accepterait si elle l'apprenait. Vous entendez ? Jamais ! »

Plus les séances s'écoulent, plus j'éprouve un sentiment de gâchis à son sujet. Comment un être si intelligent, si sensible, si cultivé peut-il obéir à ce point à une norme oppressive ? Pourquoi n'a-t-il pas les ressources psychiques suffisantes pour se rebeller contre l'ordre établi et assumer enfin sa personnalité ? Sa sexualité, Louis la vit en cachette, par le biais d'applications de rencontres furtives. À la fac, il ne veut pas que les gens soient au courant de sa vie privée. Pire, il me confie qu'il ne « s'en remettrai[t] jamais si, par malheur, quelqu'un comprenait qu['il était] gay ». La honte de soi-même arrive là à un paroxysme. À l'heure du mariage pour tous et de l'adoption autorisée pour les couples homosexuels, Louis vit en décalage total avec les avancées sociétales, dans l'impossibilité d'en jouir, lui qui se destine pourtant à une carrière de défenseur des droits de l'homme ! Un comble. « Je peux défendre les autres, mais moi, c'est différent. Je me sens coupable. »

Au fil des séances, j'apprendrai que mon patient a subi harcèlement et humiliations à répétition pendant tout son parcours scolaire, en adoptant des conduites d'animal craintif. Son seul recours a été la musique. Louis est un fan absolu de chansons romantiques. Ses idoles sont Céline Dion et Lara Fabian, quand ses frères adulent Sébastien Chabal. Le jeune homme a un côté fleur bleue qui révèle son hypersensibilité à quiconque lui parle cinq minutes, mais plutôt que de la brandir fièrement, il la tait. Seules quelques amies triées sur le volet partagent ses passions. Les autres ne savent presque rien de lui. Je prends peu à peu conscience que la chanson maintient Louis en vie. « La voix est l'entre-deux du corps et du langage[1] », rappelle le psychanalyste Guy Rosolato. En adorant des voix féminines, Louis se laisse imbiber par elles, dans la passivité, la réceptivité. Son corps est lui-même modelé par ces énergies acoustiques. Il « devient » ses icônes. Il les rêve mais, en contrepartie, ne parvient pas à vivre son désir autrement que dans une vision dégradée de lui-même. L'amour qu'il ressent à travers les paroles de ces deux divas, c'est l'amour qu'il ne s'autorise précisément pas à vivre auprès d'un autre garçon. Céline Dion et Lara Fabian viennent décrire un monde idéal qui lui est inaccessible.

Le contraste fend le cœur : Louis est comme coupé de son imaginaire. Il est privé de sa propre vie rêvée. Au lieu de ça, il s'adonne à une sexualité

1. Guy Rosolato, *La Relation d'inconnu*, Paris, Gallimard, 1974.

brute, bestiale, qui le rend profondément insatisfait, seul et malheureux. Céline Dion et Lara Fabian ne sont pas les seules dans son panthéon musical. Lors d'une séance, il évoque les autres vedettes qui savent l'émouvoir, de Barbara à Amel Bent en passant par Camille et Zazie.

— Vous ne remarquez pas quelque chose ?

— Quoi ? me demande-t-il.

— Il n'y a que des femmes.

Louis reste coi. Pour lui, cela est évident. Il n'a jamais admiré que des femmes. Il n'a pu que s'identifier au féminin, le masculin étant vécu comme agressif et insultant, parfaitement incompatible avec son homosexualité.

— Et qu'aimez-vous chez ces femmes ?

— Leur voix, leurs émotions… Quand j'écoute leurs chansons, j'ai l'impression de vivre par procuration.

— Vous n'aimeriez pas admirer un homme ?

— Si, mais lequel ? Quand on admire quelqu'un, c'est comme quand on tombe amoureux. On ne choisit pas.

Je sens que cette séance avec Louis a été déterminante. Il a entendu quelque chose à travers ma question. Il s'est mis au travail pour dénouer ces identifications sous le sceau de la peur d'être lui-même, la peur de sa propre masculinité.

Dans *La Prisonnière*, Marcel Proust revient lui aussi sur la magie de la voix en réunissant, dans la même évocation, les voix d'une multitude de femmes, qu'il associe directement à celle de sa mère, de laquelle il attend désespérément un baiser au coucher dans les premières pages de *La Recherche du temps perdu*. « Alors, je me rappelai d'autres voix encore, le flot lyrique de ce qu'elles racontent [...] et je me dis quel maigre concert doivent donner au Paradis les trois ou quatre anges musiciens des vieux peintres, quand je voyais s'élever vers Dieu, par dizaines, par centaines, par milliers, l'harmonieuse et multisonore salutation de toutes ces voix de femmes[1]. »

Quelques semaines s'écoulent. Louis me confie qu'un jeune homme de sa promotion lui plaît. Pour une fois, il n'est pas hétérosexuel et il semble mieux vivre son identité que lui. Un jeu de miroirs, vecteur d'acceptation et d'épanouissement, est peut-être possible, encore faut-il que mon patient

1. Marcel Proust, *La Prisonnière*, t. III, 1923.

prenne enfin ses distances avec les interdits familiaux.

Un jour, Louis arrive en séance, bouleversé. Les lignes ont bougé en lui, c'est perceptible. Mais de quelle manière ? Je l'ignore encore.

— Que se passe-t-il, Louis ?

— J'ai écouté une chanson.

De mémoire de psychanalyste, je me souviendrai toujours de cette réponse pour le moins lapidaire. Comment l'écoute d'une chanson pouvait-elle créer un tel trouble ? Et de quelle chanson s'agissait-il ?

— Vous vous rappelez le jour où vous vous étiez étonné que je n'admire aucun homme ? me demanda-t-il à brûle-pourpoint.

— Oui.

— J'ai passé la nuit à écouter le répertoire d'Eddy de Pretto. Je suis tombé amoureux de lui. Amoureux, façon de parler… Mais… Vous connaissez sa chanson « Kid » ?

Je n'avais pas encore entendu ce titre de l'une des valeurs montantes de la nouvelle scène musicale. Louis m'a alors récité les quelques couplets qu'il avait appris par cœur, comme pour me montrer qu'il était désormais capable d'admirer un homme.

Tu seras viril, mon kid
Je ne veux voir aucune larme glisser
[...]
Je ne veux voir aucune once féminine[1]

À la fin de cette véritable poésie déclamée dans mon cabinet, Louis essuie quelques larmes, puis il se reprend. La chanson d'Eddy de Pretto décortique les injonctions de notre société machiste qui considère la féminité chez l'homme comme une tare. Louis s'en est saisi comme d'un talisman. « J'ai envie de donner tort à ces paroles, j'ai envie de montrer qu'on peut être viril et gay, capable de s'opposer à tout ça », me lance-t-il avec une assurance que je ne lui ai jamais connue. Une résistance a lâché, laissant s'ouvrir un paysage intérieur moins féminisé, assumant une virilité en dissonance peut-être, mais rendue vivable. La chanson « Viril » a permis un ancrage. Elle a montré à mon patient que l'on peut contester la norme sans pour autant vivre comme un paria.

1. « Kid », paroles d'Eddy de Pretto, musique d'Eddy de Pretto et Cédric Janin, 2017, © Universal Music Publishing.

La musique pour s'accepter tels que nous sommes

Pendant des années, Louis a été victime d'homophobie intériorisée. Quand l'environnement familial et social est hostile à l'orientation sexuelle d'une personne, celle-ci peut devenir haineuse envers elle-même, en se reprochant sa personnalité profonde. Une telle réaction peut être extrêmement dangereuse et même mener au suicide. En découvrant l'univers du chanteur ouvertement gay Eddy de Pretto, Louis a eu une révélation qui lui a laissé percevoir autrement son homosexualité. Il faut, en effet, parfois passer par l'autre pour s'aimer et se respecter soi-même. La musique est particulièrement propice à cette identification, et les textes des chansons peuvent alors être des ancrages identitaires, un moyen de trouver des mots pour se définir face aux autres.

Prenez une feuille, un stylo et notez les chansons qui disent tout haut ce que vous n'osez pas dire/être. En quoi l'auteur fait-il particulièrement acte de courage à vos oreilles en tenant ces propos ? Pourquoi ne pourriez-vous pas exprimer de telles émotions de vive voix comme il le fait à travers sa chanson ? Quels sont les tabous qui vous semblent encore insurmontables et que vous rêveriez pourtant de dépasser ? Cet exercice vise à vous faire prendre conscience de vos craintes pour mieux les appréhender et les analyser, par le biais de la musique.

De « Comme ils disent » à Étienne Daho…

En matière de références à l'homosexualité dans la chanson, nous sommes aujourd'hui bien loin des grivoiseries du chanteur de variétés Mayol, qui a popularisé le mot « tapette » au début du XXe siècle. La chanson « Comme ils disent » de Charles Aznavour aborde pour la première fois le sujet en 1972, en invitant à une réflexion teintée d'indulgence, mais le ton est encore très timide dans une France conservatrice au sujet des droits des minorités. C'est à partir des années 1980, grâce à Mylène Farmer, Jean Guidoni, Juliette, ou encore le groupe Mécano, et, dans les années 2010, Christine and the Queens, que ce thème trouve un écho retentissant dans la chanson. L'amour homosexuel y est célébré et non brocardé ou envisagé de manière condescendante. Étienne Daho, avec de nombreux titres dont « Le premier jour du reste de ta vie », aborde sans pudeur la question du *coming out* et de la liberté de vivre son désir en s'affranchissant de la bonne morale.

CHLOÉ ET LE FRÈRE QU'ELLE N'A JAMAIS EU

Chloé est une jeune femme de vingt-six ans quand elle me consulte pour la première fois. Elle est l'aînée d'une famille de trois enfants et fait alors ses premières armes dans l'ingénierie aéronautique. Chloé est dynamique, intelligente. Elle a beaucoup d'amis et un petit copain depuis quelques mois, après avoir écumé des relations sentimentales sans lendemain. Pour autant, elle veut « voir un psy » pour élucider quelque chose qui la tourmente sans qu'elle sache exactement ce dont il s'agit à la première séance. Celle-ci se déroule sans que je puisse moi-même identifier les causes de la souffrance de ma patiente. Somme toute, elle déplie une enfance sans histoire, à l'ombre de parents aimants. L'adolescence, elle non plus, ne semble pas avoir été particulièrement escarpée. Chloé a toujours été très sociable. Son frère et sa sœur sont nés respectivement deux et quatre ans après elle. « On se chamaille souvent mais je peux dire qu'on s'entend bien, surtout depuis qu'on a tous quitté la maison », commente-t-elle.

À l'issue de sa première consultation, Chloé fait partie de ces gens qui m'agaceraient presque. Rien ne filtre. Je ne perçois pas ce qui génère un trouble en elle. Et pourtant, il y a des rêves, qu'elle me raconte rapidement par dizaines. Alors que la plupart de mes patients peinent à me raconter leur activité onirique, elle se souvient de tout, dans le moindre détail. En séance, elle peut déconstruire le rêve et procéder de la même manière qu'avec un puzzle, en remettant chaque pièce à sa place, savamment, en soupesant chacune des images qui lui vient à la conscience. Chloé est taillée pour la psychanalyse ! Selon Freud, « l'interprétation des songes est la voie royale qui mène à la connaissance de l'inconscient dans la vie psychique. C'est l'étude des rêves, plus qu'aucune autre, qui vous convaincra de la valeur de la psychanalyse et vous formera à sa pratique. Quand on me demande comment on peut devenir psychanalyste, je réponds : "Par l'étude de ses rêves[1]." »

Les semaines s'écoulent. Le paysage intérieur de Chloé gagne peu à peu en densité. Il y a cette mère toujours débordée, qui l'écoute peu ; ce père absent à cause de son métier ; ce copain, geek invétéré, qui ne lui accorde pas non plus beaucoup d'attention. « Qui s'intéresse vraiment à moi ? » C'est bientôt la question qui domine tous nos entretiens.

---

1. Sigmund Freud, *Cinq questions sur la psychanalyse*, Paris, Payot, 2013.

« Quand j'étais petite fille, j'avais l'impression que j'intéressais vraiment mes parents. Aujourd'hui, ils me laissent libre. » Cette réflexion m'interpelle.

— Vous voulez qu'ils vous emprisonnent ?

— Non, ce n'est pas ce que j'ai voulu dire. Mais je ne suis plus le centre de leur univers. Mon frère et ma sœur non plus d'ailleurs…

Chloé raconte des rêves où elle est seule sur un escalator qui l'amène dans un gigantesque supermarché peuplé de nounours en peluche. Elle se rapproche de l'un de ces nounours, veut lui parler, mais il détourne la tête et part en courant. L'interprétation arrive sans même que je la lui demande : Chloé considère que le nounours correspond au doudou de son enfance, qu'elle n'est plus connectée comme avant à sa petite fille intérieure. « J'ai besoin de la retrouver, de la consoler. C'est facile de mettre la faute sur mon copain, sur mes parents. Ils ne peuvent pas faire une analyse à ma place. C'est en moi et en moi seule que je dois retrouver ce nounours et lui parler sans qu'il s'en aille. »

Souvent, quand elle me raconte ses rêves, Chloé observe qu'ils sont musicaux. Il y a toujours une chanson qui les accompagne, parfois même plusieurs. Et alors qu'elle se rappelle sans faille le contenu en images, il lui est impossible de faire réémerger ces musiques. Elle a beau essayer à plusieurs reprises d'associer ces morceaux à la radio écoutée la veille, elle n'y parvient pas. Cela l'angoisse, surtout quand je lui fais remarquer que le contenu refoulé de nos rêves cache souvent des éléments majeurs. « Les clés de l'énigme ! » me répond-elle, en riant jaune. Nous nous mettons alors ensemble à parler musique. Celle-ci a toujours eu une importance capitale dans la vie de Chloé. Toutes les périodes de sa jeune existence sont sous le sceau d'un genre particulier. Les chansons de Lorie quand elle était petite fille, ACDC à l'adolescence, la découverte de la pop australienne à ses dix-huit ans... Nous détissons ensemble ce melting-pot d'ambiances, rattaché aux bals de village, aux baisers volés, à la première cuite. « Peut-être qu'il y avait Queen dans mon rêve de cette nuit. J'aimerais bien vous dire qu'il y avait "The Show Must Go On", seulement je n'en suis pas sûre », déplore-t-elle.

Les mois passent. Chloé et son copain finissent par se séparer, ce qui n'est pas pour lui déplaire : « Il n'était pas mon genre. Je me sens enfin libre maintenant. J'en avais besoin. » Cette rupture la fait rêver encore davantage. Le contenu est étrange, entre la tristesse et l'excitation. Un nouvel horizon s'offre à elle, de nouvelles rencontres, une envie de s'affranchir complètement de ses peurs, de ses interdits. Chloé vit très bien toute seule. Justement, à ce sujet, je la questionne maintenant sur les premières années de sa vie, avant la venue de son frère et de sa sœur, du temps où elle était la fille unique de ses parents. Depuis sa séparation, Chloé a tendance à parler de sa solitude apprivoisée. Elle se surprend à pouvoir faire le deuil de relations amoureuses aussi vite.

— J'ai tellement été aimée quand j'étais bébé.

— Aimée comment ?

— Je ne sais pas... Aimée plus que les deux autres, c'est sûr !

Je lui fais remarquer le caractère pour le moins détonnant de sa remarque. Elle s'en rend compte et se dédit : « Mes parents nous ont aimés de la même façon. » Mais le mot est lancé. En psychanalyse, nous sommes à la fois nos meilleurs alliés et nos pires ennemis. Quand on donne un coup de pied dans une fourmilière, il s'agit d'y aller jusqu'au bout, sous peine de se faire dévorer par le remords d'avoir parlé trop vite. Évidemment, je ne lâche pas Chloé les séances suivantes, au sujet de cette préférence éprouvée lorsqu'elle était toute petite. Elle ne se souvient alors plus de rien. C'est un chapitre effacé. Les premiers mois de sa vie sont à peine accessibles au langage. Il y a eu un accouchement par césarienne, une maman de vingt et un ans un peu perdue... Et puis, c'est tout. Jusqu'au jour où Chloé arrive en larmes.

— Vous n'allez pas me croire, me dit-elle. Je me souviens de la musique qu'il y avait dans mon rêve. C'était une chanson que j'adore depuis toujours. Mais je n'ai jamais su pourquoi…

— De quelle chanson parlez-vous ?

— « Mon frère » de Maxime Le Forestier. Vous la connaissez ?

Chloé continue de me décrire le rêve, tandis que je me remémore les paroles de cette chanson. J'ai le plus grand mal à relier cette chanson au vécu de Chloé. Je la laisse me relater les images de son rêve. Il s'agit d'une grande chambre d'hôpital avec un robinet ouvert qui laisse couler de l'eau tiède. Ma patiente s'avance doucement vers le lit vide, à côté duquel il y a un berceau, tout aussi vacant. Elle comprend alors ce que dit la chanson et se réveille en sursaut, en se promettant de me raconter cette scène trois jours plus tard. Je demande à Chloé ce que représente cette chanson pour elle. La voici qui sort un paquet de Kleenex en m'avertissant qu'il va lui falloir plusieurs mouchoirs.

— Cette chanson de Maxime Le Forestier, j'ai l'impression qu'elle m'a toujours suivie. J'ai surpris ma mère en train de pleurer en l'écoutant. Je devais avoir six ou sept ans…

— Pourquoi pleurait-elle à votre avis ?

Chloé marque un grand silence, puis se mouche et relève la tête. Elle a maintenant le pressentiment très net que ses parents ont perdu un enfant avant elle, qu'il s'agissait d'un petit garçon, qu'elle est arrivée dans ce monde comme un bébé remplaçant, sur lequel s'est reporté un immense amour teinté d'un chagrin au moins aussi grand. Quelque chose s'éclaire : le souvenir de sa mère en train de pleurer à l'écoute de Maxime Le Forestier était complètement enfoui dans sa mémoire. Il resurgit à la façon d'une évidence. Comment cette réminiscence est-elle si limpide alors, au point de parler avec une telle certitude de cet enfant mort, dont Chloé prétend même connaître le sexe ? Dans son roman *Joyeux Noël*, Alexandre Jardin écrit au sujet des secrets de famille : « Chaque lignage semble posséder sa part d'angles morts. Sans doute sont-ils même le meilleur ciment de nos clans, tout en les détruisant[1]. » En effet, le non-dit a cette caractéristique de créer ce que le psychanalyste René Kaës a appelé des « pactes de déni », des alliances inconscientes visant à protéger le secret de quelques-uns dans une même famille. « Le prix est la méconnaissance de ce qui est pour chacun en jeu dans le lien[2] », écrit-il. Ces

1. Alexandre Jardin, *Joyeux Noël*, Paris, Le Livre de poche, 2012.
2. René Kaës, *Les Alliances inconscientes*, Paris, Dunod, 2014.

pactes, s'ils contribuent à une forme d'harmonie, entravent bien des individus, sans qu'ils puissent nommer leurs émotions négatives, à l'exemple de Chloé. Je choisis de ne pas interroger tout de suite cette dernière afin de ne pas la brusquer. Elle y reviendra toute seule, quand elle le souhaitera.

À la séance suivante, Chloé a la confirmation par ses parents qu'un frère mort-né l'a précédée de deux ans et que cela est resté tabou dans la famille. Pour autant, la mère de la jeune fille se souvient précisément de ce jour où son enfant l'a surprise dans la cuisine en train de pleurer à chaudes larmes sur la chanson de Maxime Le Forestier. A-t-elle alors évoqué avec Chloé la disparition de ce bébé, avant de se dédire aussitôt et d'enfouir à nouveau cette tragédie dans sa mémoire ? Dans tous les cas, le rêve de Chloé a permis à ma patiente et à ses parents de renouer un dialogue fertile et sincère, après des années d'éloignement et, peut-être, trop de pudeur.

Le rêve, la voie royale vers l'inconscient

Dans le rêve de Chloé, la chanson de Le Forestier explicitait précisément le secret familial qui la hantait. Elle a servi d'indice à la jeune fille, afin que celle-ci puisse aller vers sa mère et obtenir une réponse à ses interrogations. La musique dans les rêves peut être associée à des sensations de grande plénitude ou de grand désarroi selon que celle-ci soit douce ou dramatique. Le son perçu est toujours connecté à un vécu subjectif tout à fait précis, même s'il est difficile de se souvenir du contenu onirique après coup. Plus ce contenu est rattaché à un affect profond, plus il est ardu de le ramener à la conscience. C'est toute la dimension du refoulement. Néanmoins, se dégager de notre omerta mentale permet de vivre avec une légèreté acquise à force de clairvoyance et non de déni. Voilà la différence. Et elle est de taille !

Prenez une feuille, un stylo et notez les titres de chansons qui ont marqué votre vie psychique sans que vous le désiriez vraiment, des chansons qui se sont imposées à vous car la radio les diffusait beaucoup, car vos parents en étaient fous ou que les circonstances vous les ont fait entendre à plusieurs reprises. Pour chacune d'entre elles, tentez de nommer un ou deux souvenirs personnels qui y sont spontanément rattachés. Vous aurez peut-être des surprises en constatant combien ces chansons, qui ne correspondent pourtant pas forcément à vos goûts, ont compté dans vos expériences personnelles.

Les playlists de nos vies

Et vous, quelle est la chanson qui a été la plus importante dans votre vie ? Vous en avez peut-être plusieurs, qui paraissent scander différentes époques, sans que vous connaissiez exactement la raison de ces préférences. Les chansons qui vous viennent à l'esprit représentent peut-être des événements importants, vous rappellent des personnes disparues, des êtres autrefois aimés, des ambiances enfouies dans le passé…

Prenez une feuille, un stylo et essayez de poser sur le papier les émotions suscitées par vos morceaux favoris. Vous pouvez, par exemple, les classer en plusieurs thèmes (les instants d'enfance, les années collège, l'amour fou, la mélancolie, la fête…) et fabriquer ainsi vos playlists à partir de ces sélections. En 2021, un sondage[1] mené par l'institut Yougov sur un échantillon de 1 004 personnes représentatives de la population française âgées de dix-huit ans et plus révèle que dans les cent premières chansons du classement général représentant ces vingt dernières années de musique, « Formidable » et « Papaoutai » de Stromae, « J'ai demandé à la lune » d'Indochine et « Ma liberté de penser » de Florent Pagny raflent les premières places. « Manhattan-Kaboul » de Renaud et Axelle Red obtient la septième place, suivie de près par « Someone Like You » d'Adèle.

1. « Stromae en tête du classement des chansons préférées des Français », Voltage, 7 juin 2021.

Quatrième partie

LA CHANSON ET L'AMOUR, UNE SI LONGUE HISTOIRE

« Or, Messieurs, la comédie que l'on juge en cet instant, sauf erreur, nous peint la vie du bon peuple qui l'entend. Qu'on l'opprime, il peste, il crie, il s'agite en cent façons, mais tout finit par des chansons[1] », écrivait Beaumarchais. Qu'elles soient là pour soutenir la monarchie absolue ou les révolutionnaires, un patriotisme zélé ou un anarchisme fier, elles viennent toujours pour donner du courage. « Ne pas aimer Marcel Proust ou Samuel Beckett, c'est avouer qu'on ne comprend pas leurs œuvres. Alors que le problème ne se pose pas pour la chanson[2] », commente le professeur de littérature française Stéphane Chaudier. Et cela change tout ! Au royaume de la ritournelle, point

1. Beaumarchais, *Le Mariage de Figaro*, 1784.
2. Stéphane Chaudier, « Chanson », *Genesis*, 52, septembre 2021.

de passeport culturel. À l'époque de Charles Trénet et des premiers congés payés comme à celle de Kendji Girac et de Tik Tok, nul n'a besoin de montrer patte blanche pour goûter à ces trois minutes de poésie. De Georges Brassens à Soprano, de Joséphine Baker à Chimène Badi, c'est cet accès libre, dénué de toute forme de velléités intellectuelles, qui fait la gloire des airs populaires.

Les univers en apparence cloisonnés se retrouvent de façon insoupçonnée. Nicola Sirkis, du groupe Indochine, explique par exemple l'origine de son tube « Tes yeux noirs » : « Forcément, lorsque j'ai écrit [cette chanson], je pensais au petit visage de Marguerite Duras, toute jeune avec ses cheveux noirs, en référence à son livre *Les Yeux bleus, cheveux noirs*, dont l'histoire est celle d'un sentiment qui n'a pas encore son vocabulaire, ses mœurs, ses rites. D'un amour perdu. Perdu comme perdition[1]. » Ce titre, devenu l'un des plus populaires du groupe, très diffusé à la radio, a largement dépassé la notoriété du livre de Duras dans la culture populaire. Mais quelle importance ? Lorsqu'on fredonne une chanson, on ne cherche à acquérir aucune distinction particulière. On ne veut pas « faire son intéressant », comme quand on raconte

1. « Indochine, comment Marguerite Duras a inspiré le groupe de Nicola Sirkis », RTL, 2021.

le dernier Goncourt ou le dernier film d'auteur primé à Cannes. On ne gagne pas ses galons d'intellectuel en avouant avoir frissonné sur le dernier Amir alors qu'une réputation se joue dans certains clubs très fermés sur le fait d'aimer ou non le dernier Jacques Audiard. Lorsqu'on prend un minibus pour aller voir Florent Pagny au Palais des Sports, qu'on reprend un air d'Angèle en chœur dans un stade, dans un concert, un briquet allumé et les larmes aux yeux, on se laisse aller à l'émotion, c'est-à-dire à l'impensé par excellence. Ne pas penser ! Surtout ne pas penser ! Mais ressentir… Tout simplement.

Ma sensibilité de chanteur de variétés
Ta régularité à battre la mesure
Ma culpabilité, ta comptabilité
Notre authenticité de faussaires de factures[1]

À travers son titre « C'est beau tout comme », Alain Klingler rappelle tout ce qu'il faut de calcul et de sincérité pour séduire et toucher dans un même mouvement. Une subtile alchimie. Parfois, la situation frôle même le ridicule. On sait bien que la chanson vient titiller notre corde sensible, qu'elle est même calibrée pour flatter notre cœur d'artichaut. Les producteurs le connaissent sur le bout de leurs doigts, ce cœur serré devant une star ou

1. Alain Klingler, « C'est beau tout comme », 2006.

brisé à l'écoute d'un texte déchirant. Les paroliers les plus aguerris à l'exercice sont ceux qui sont passés maîtres dans l'art du subliminal, cette faculté de s'adresser à ce qui est au seuil de la conscience. Il y a quelque chose d'intime qui se joue, et l'intime a toujours une part de pathétique. Avec l'un de ses plus célèbres opus, en 1995, « Pour que tu m'aimes encore », écrit par Jean-Jacques Goldman, Céline Dion prône l'irréalisme en amour, le miracle perpétuel, cette énergie cosmique qui lui permettrait de jeter des sorts, de défier les froids polaires et l'ébullition d'un volcan. Elle le chante avec un tel lyrisme qu'on finit par la suivre.

« Niaiserie, sans doute ! Niaiserie dont se détourne le grave regard du sociologue. Nos savants manquent de sérieux en refusant de traiter sérieusement la niaiserie. Elle est aussi ce qu'il y a de plus profond en l'homme. Derrière le star-system, il n'y a pas seulement la stupidité des fans, l'absence d'invention des cinéastes, les combinaisons commerciales des producteurs, il y a l'amour, autre niaiserie, autre humanité profonde[1] », fustige Edgar Morin dans son livre *Les Stars*, qui décrypte la dimension archétypale des célébrités du cinéma, à la fois divines et mortelles, dans le Hollywood des années 1910 aux années 1960. Les chansons

1. Edgar Morin, *Les Stars*, Paris, Seuil, 1957.

populaires convoquent la même identification imaginaire aux artistes. On se sent un peu bête quand on frissonne pour une voix et quelques accords. Comme quand on tombe amoureux ! Mais il est fort à parier que beaucoup d'entre nous seraient prêts à troquer de nombreux livres de leur bibliothèque pour deux ou trois chansons, desquelles ils ne pourraient jamais se passer.

L'ART COMPLEXE DE LA SIMPLICITÉ

L'écrivain Pascal Quignard parle de « fredon » pour nommer les « ritournelles conjuratrices » que nous sifflons en marchant dans la rue par exemple. « Ces mélodies qui semblent refuser de nous quitter sont l'expression d'un pouvoir dominateur à l'œuvre chez celui en qui elles résonnent[1] », écrit-il. Le personnage dans *Le Salon du Wurtemberg*, Charles Chenogne, est violoncelliste et écrivain. Quignard lui fait dire que ces « fredons surgissants » mettent la dimension sonore au premier plan de l'expérience mémorielle. « Sans cesse, ma vie, ces petites scènes, tout sombre dans l'oubli. Le plus souvent, ce n'est aucune lueur, aucune odeur mais des lambeaux de sons. Des fredons intérieurs. Comptines, chansons populaires, fragments de mélodies[2]. » À en croire Quignard, la musique est omniprésente. Que contiennent-elles donc, ces fameuses chansons, pour entrer dans notre mémoire à la façon d'une suite de Massenet ou d'un concerto de Mozart ?

1. Pascal Quignard, *La Haine de la musique*, *op. cit.*
2. *Ibid.*

Dans « J'envoie valser », Zazie décrit ce dépouillement essentiel au terme duquel on ne retrouve que l'indispensable. Après les paillettes des années 1980, elle fait figure de femme épurée, sans chichi, bravant les injonctions machistes. Elle invite à « se moquer » de l'artificiel pour mieux se dévoiler. C'est ce que nous pourrions appeler l'art complexe de la simplicité, cette façon troublante de nous délivrer, d'un air entendu, la vérité nue de nos émotions, sans détour ampoulé ni alambiqué.

Quand tu me dis des choses tristes
Soudain, le noir se fait
Dans ma maison et sur la ville,
Il y a comme un vent frais[1]

L'artiste Pomme mêle la tristesse, la couleur noire et le vent frais dans son titre « Chanson for my depressed love ». Elle va au plus proche de la sensation. La musique triste est alors assimilée à du vent, une brise sur le visage. Aussi naturelle que cela. Vouloir en dire davantage serait se corrompre, faire comme les autres, divaguer, extrapoler. Pomme s'y refuse. Pour ainsi dire, sa chanson nous prend en flagrant délit de sensibilité. Telle un sniper, elle nous débusque de notre cachette avec des mots comme des balles. Nous en sortons les mains en l'air, cou-

1. Claire Pommet / Pomme, « Chanson for my depressed love », 2020, © Sois Sage Musique.

pables d'avoir dissimulé trop longtemps nos émois de midinette. Nous sommes tous familiers des choses tristes comme nous sommes familiers du vent frais. Un point, c'est tout. Patrick Bruel aussi, avec sa versification attendue et l'usage répétitif de l'expression la plus clichée qui soit, « Je t'aime », prône l'ultra-simplicité sans craindre les moqueries de ceux qui ne l'assument justement pas.

Il aurait pu être relégué aux oubliettes du music-hall comme tant de chanteurs d'un jour, mais il a créé l'un des titres les plus plébiscités par les radios musicales, dix ans durant. En 1990, au moment où « J'te l'dis quand même » sort en CD, la Bruelmania sévit en France. Les fans de l'artiste ne reculent devant rien pour obtenir un peu de considération de leur idole, assiégée par une horde d'admiratrices en furie alors qu'il dîne dans une pizzeria sur les Champs-Élysées. « Je me souviens très bien du concert auquel j'ai assisté cet été-là, à Troyes. J'avais quinze ans, un mec m'avait largué pour la première fois de ma vie. Patrick Bruel semblait raconter la rupture que j'avais vécue. Je n'aurais pas pu dire mieux. La scène dans le café, elle a vraiment existé ! On s'est quittés comme ça, sans un mot, sans un rien. Il ne m'a plus donné de nouvelles. Et mon regret après avoir payé mon déca et avoir quitté trop vite l'endroit, il est rattaché exactement à cette chanson de Bruel », raconte

Stéphanie, une esthéticienne de quarante-six ans, fan de l'auteur-compositeur-interprète.

« J'te l'dis quand même » contient la faculté improbable de dépasser les clichés qu'elle véhicule. Patrick Bruel, c'est son génie, prend à partie l'auditeur : il reconnaît le caractère banal, dérisoire, de la scène qu'il évoque, « à l'angle du café d'en bas ». Cette histoire de rupture hésitante est facile comme aucune autre. Bruel assume jusqu'à l'autodérision l'aspect fleur bleue de son refrain, qu'il n'hésite pas lui-même à comparer à une « série B ». Comble de l'audace, mais aussi de l'humilité. Sa voix cassée, paraissant s'excuser à chaque chute de phrase, est la signature de son triomphe. Les jeunes des années 1990, las des outrances pailletées de la décennie passée, adhèrent à ce dépouillement qui invite à dire les choses sans emphase. « On en avait marre des clones de Claude François et des vieilles gloires des années 1970. Bruel nous parlait vrai », résume, peut-être cyniquement mais avec honnêteté, Stéphanie.

Pour aimer, mais vraiment aimer, il faudrait réussir un véritable tour de force : prendre le risque d'aimer « pour rien », d'aimer « plus que soi-même », un autre qui pourrait partir à tout moment en nous laissant sur le quai d'une gare. « Patrick Bruel nous chante que l'amour, ça s'en va. Il est comme Aznavour, Brel, Sheller, comme les grands de la chanson. Il nous dit juste que l'amour est éphémère, qu'il faut en prendre soin constamment. L'entendre chanter ces choses-là, ça me fait du bien. Je viens d'une famille dans laquelle les hommes ne sont pas expressifs et ne pensent qu'à leur gueule. Ma mère a beaucoup souffert des silences de mon père. Et j'ai toujours choisi des hommes qui ne savaient pas me dire qu'ils m'aimaient », analyse Stéphanie. Pour elle, comme pour de nombreux fans, Patrick Bruel distille l'idéal du parler simple. Et parions que toutes les ritournelles obsessives, même celles en apparence anodines, cachent un message important à l'attention de leurs destinataires… Stéphanie, en écoutant Bruel chanter, rêvait d'un homme qui communique « Le bonheur est la plus grande des conquêtes, celle qu'on fait contre le destin qui nous est imposé[1] », écrivait Albert Camus. La philosophie et la chanson ne sont pas étrangères, loin de là. L'une et l'autre peuvent nous permettre de nous affranchir de bien des préjugés.

« J'ai toujours trouvé que la chanson de William Sheller "Un homme heureux" serait allée comme un gant à Patrick Bruel. Et j'ai compris pourquoi : ce sont des émotions sans hystérie dans la voix. C'est du chagrin d'homme, mais du chagrin cash », poursuit Stéphanie. « Du chagrin cash. » Adjugé.

1. Albert Camus, *Lettres à un ami allemand*, Paris, Gallimard, 1945.

On ne pouvait pas dire mieux. Sans fioriture, la chanson s'affirme et dit bien plus qu'on le croit à ceux qui la comprennent et se l'approprient.

« Mine de rien » chante, à la fois gracieux et satirique, Yves Montand en 1961 au sujet des charmes inoubliables de « la chansonnette ». C'est peut-être l'expression qui va le mieux à la mélodie populaire. Montand, l'ambassadeur des chansons de Prévert dans les années 1950, rappelle l'importance des « petits refrains » de son époque.

La chansonnette détrônerait Elvis Presley, le King lui-même, si l'on en croit Montand. Mais si elle sait rester simple ! C'est la condition *sine qua non*. Quand ses ficelles sont trop grosses et qu'elle s'érige en donneuse de leçons, elle lasse. Quand elle pèche par indigence, qu'elle se donne juste la peine d'enfiler les clichés sans les sublimer, elle disparaît sous les décombres, devenant soudain démodée. On croit saisir sa notoriété dans nos mains que déjà, elle fait « plouf ». Le chanteur béarnais Vianney rappelle le danger de céder à la mode et de disparaître avec elle, englouti par la vague qui nous a portés. C'est le sort des chanteurs d'un jour, qui ont touché de leur pinceau la couleur d'une époque, mais qui sont retombés aussitôt dans l'anonymat.

Vianney a peut-être raison : il s'agit de maudire la mode en matière de ferveur collective. Si on y adhère trop, on plonge. On peut s'inspirer d'un autre, emprunter quelques-uns de ses « trucs », mais gare à celui qui ne serait que mimétisme. Il se ferait tout bonnement dicter ses conduites jusqu'à s'oublier et renier sa fonction d'artiste : celle d'inventer. Cela a l'air évident mais cette oscillation entre adaptation et inspiration est une épreuve du feu perpétuelle pour les chanteurs populaires. Quelle est donc la recette du succès d'une chanson, si toutefois elle existe ? Que faut-il avouer ? Que faut-il taire ? « C'est dingue le nombre de choses sans intérêt que l'on dit aux gens qu'on aime, mais encore plus dingue tout ce qu'on ne leur dit pas[1] », rappelle Marc Lévy dans son best-seller *Une autre idée du bonheur*. Et si c'était tout ce qu'on ne leur disait justement pas, par pudeur, par distraction, par bêtise, qui devait revenir dans les plus inoubliables chansons populaires, comme la partie refoulée de nos sentiments ? Avec la même humilité que Maurice Benguigui, *alias* Patrick Bruel, Jean-Philippe Smet, *alias* Johnny Hallyday, se confiait à ses groupies, trente ans auparavant.

« L'idole des jeunes » fut créée à l'occasion du deuxième Olympia de Johnny Hallyday, en 1962. Il s'agit de l'adaptation française, par Ralph Ber-

1. Marc Lévy, *Une autre idée du bonheur*, Paris, Robert Laffont, 2014.

net, du titre de Ricky Nelson, « Teenage Idol », écrit par Jack Lewis. Cette chanson est un comble : derrière la personnalité publique la plus en vue des années 1960 se cache un jeune garçon timide, au père absent et à la mère fuyante. Les fans ne rêvent pas : leur star souffre de solitude ! Il n'en fallait pas plus pour créer de l'empathie teintée de désir. Hallyday échappe à l'image de la vedette inaccessible. Il devient à la fois idole et ami. En cette fin d'année 1962, Johnny dispense de vraies leçons de sagesse à son parterre de fans en délire. « Il n'a jamais dit qu'il était heureux de toute sa carrière. Il n'a rien caché à son public. Il voulait nous faire rêver mais ne nous mentait pas », affirme Alain, membre du fan-club de Johnny depuis 1968. « La chanson "L'idole des jeunes", c'est toute notre génération. Car, avant lui, il n'y avait pas de stars des jeunes. Hallyday a été le premier qui a vraiment parlé aux gens de mon âge en France. Avant "Salut les copains" et "Âge tendre et tête de bois", l'atmosphère était bien rabougrie dans l'Hexagone », poursuit-il.

Ainsi, même pour « l'idole des jeunes », et l'idole d'Alain en particulier, la gloire ne suffit pas au bonheur. Elle empêcherait même parfois l'amour véritable d'éclore. La chanson des rues est ici porteuse d'enseignement. L'argent, le vedettariat, toutes ces utopies de pacotille ne remplacent pas la présence de l'être aimé. Hallyday joue « le gars tranquille »... qu'il est en fin de compte. Car s'il ne l'était pas, cela n'opérerait pas si bien. Comme chez Bruel, le cliché est transcendé.

Soixante ans plus tard, Eddy de Pretto inscrira son texte « Ego » dans la lignée de « L'idole des jeunes ». Mais autres temps, autres mœurs : quand la star s'adresse à son public, c'est cette fois-ci pour s'inquiéter... de son propre narcissisme.

Eddy de Pretto demande presque à ses auditeurs de lui porter secours. Il pointe clairement le risque de sombrer dans l'autolâtrie quand on est une star. À force d'incarner un rêve, il avoue sa crainte : ne plus du tout pouvoir aimer l'autre.

Si ça continue, je me taillerai en or
Je mettrai à ma vue
Que des gens qui m'adorent[1]

Si l'on juxtapose « L'idole des jeunes » et « Ego », l'effet est impressionnant : les deux textes ne se succèdent pas seulement dans le temps. Ils développent la même logique. En 1962, on constate que l'amour n'est pas au rendez-vous, une fois le concert terminé et les projecteurs éteints. En

1. « Ego », paroles et musique d'Eddy de Pretto, 2018, © Universal Music Publishing / Otterped Éditions.

2021, les choses se corsent : le danger est de se noyer dans sa propre image flamboyante, comme Narcisse dans les eaux du lac. Il n'y a plus que « moi, moi, moi » qui compte ! Cependant, une chanson nécessite impérieusement que son auteur donne de lui-même, comme si son Moi se reflétait dans l'âme de l'auditoire, comme s'il l'incarnait l'espace de trois minutes. En 1985, Renaud écrit « Mistral gagnant » à l'attention de sa fille, Lolita, sans la volonté de rendre ce titre public. Est-ce dans l'intimité de la complicité avec sa fille que ce texte se révèle si évocateur pour tant d'entre nous ?

La chanson serait-elle passée inaperçue si son auteur s'était justement employé à la partager ? Renaud paraît nous murmurer son texte avec la même tendresse qu'il a eue à le lire à son enfant. « Cette chanson m'a accompagnée pendant ma grossesse, quand j'attendais mon petit garçon et que j'avais peur de le perdre à tout moment à cause d'autres problèmes de santé. Il suffisait que je l'écoute pour avoir les larmes aux yeux. J'avais tant envie de vivre ces instants-là à mon tour, de savoir ce que ça faisait d'être parent, de s'asseoir sur un banc avec un gosse pour lui parler. La peur de perdre mon bébé et la beauté de ce texte se mélangeaient. Cela donnait une émotion vraiment très forte, inoubliable. Mon garçon est né six mois plus tard et il a trente-cinq ans aujourd'hui. Il connaît mon histoire avec “Mistral gagnant” », se souvient Corinne. Cette tendresse préservée, bastion contre le temps qui passe, donne une puissance formidable à la mélodie de Renaud, qui convoque les Coco Boer, bonbons de notre enfance, comme autant de secrets alliés du souvenir.

TRANSGRESSION, J'ÉCRIS TON NOM

La simplicité n'est pas la seule carte maîtresse quand l'on veut viser l'éternité en matière de chansons d'amour. Elle est utile mais ne suffit pas. De très nombreux refrains ont marqué leur époque car ils se sont aventurés sur des chemins insolites, voire sur des routes laissées en jachère par peur du qu'en-dira-t-on. Nombre d'entre eux eurent le don précieux de choquer au moment de leur sortie. Ils sont entrés dans les annales de la mémoire collective en forçant les portes. Ne nous voilons pas la face : quand nous parlons d'amour et de désir, nous ne pouvons faire l'impasse sur l'excitation que ces deux mots suscitent depuis le début de l'humanité. Le plaisir transgressif n'est pas à négliger dans nos vies. Il est même au centre de l'organisation psychique de chacun. Notre façon d'aborder et d'assumer ce plaisir est déterminante car elle dessine une grande partie de notre personnalité. Soyons honnêtes : nous aimons tous regarder « par le petit trou de la serrure » depuis l'enfance. Ce péché mignon fut fermement interdit par nos parents. Les chambres étaient maintenues fermées et les secrets d'alcôve, bien gardés. La tentation coupable fait le lit de la sexualité, quelle qu'elle soit. Derrière nos représentations, il y a toujours nos premiers fantasmes qui insistent... Alors, dans tous les domaines, la subversion est un truc de sales gosses, indomesticables, avec une volonté affichée de saccager le music-hall « à la papa ».

Cette volonté iconoclaste, comme une éternelle adolescence, parcourt l'ensemble de la chanson française et donne à certaines déclarations d'amour une coloration rebelle, voire parricide. Les rébellions, toutes les rébellions, commencent dans les jeux d'enfants, qui contiennent en puissance ce qui adviendra plus tard. Pour transgresser dans la chanson, il s'agit à chaque fois de flanquer les anciennes panoplies au placard afin de célébrer le « nouvel Adam », la « nouvelle Ève », celui et celle qui institueront un nouvel ordre amoureux musical, un nouvel eldorado sexuel. Dans une longue robe verte, avec sa tignasse rousse et ses mains gantées de noir, Yvette Guilbert n'a pas attendu Guesch Patty et son « Étienne » pour exceller dans l'art de la grivoiserie chantée, à coups de gros légumes. Au début du XXe siècle, croquée par Toulouse-Lautrec, La Guilbert faisait déjà carton plein à L'Éden. Et pourtant, sans poitrine, avec son nez pointu, elle fut d'abord accueillie par de vaseux : « Vise le corsage ! Elle a oublié ses nichons dans ses malles[1] ! »… Yvette Guilbert a eu très vite fait de dépasser ces poncifs. À L'Éden, Émile Zola, Alphonse Daudet et Guillaume Apollinaire, entre autres esthètes de la coquinerie chantée, étaient aux premières loges pour l'écouter déployer son répertoire.

En matière de transgression, Guilbert ne se privait pas, avec des vers copieusement lubriques, dans lesquels on pouvait trouver des vierges et leurs passions pour les gros légumes, mais aussi « La partie carrée chez les Boudins et les Boutons », qui ne suggère pas moins que les extases de la partie fine et de l'échangisme. Dans « Quand on vous aime comme ça », l'une de ses plus célèbres chansons, elle n'hésitait pas à parler masochisme et violence physique consentie par une femme énamourée d'un « beau Raoul ».

Yvette Guibert a eu un admirateur de la première heure : l'inventeur de la psychanalyse, Sigmund Freud lui-même. « Le désir de faire souffrir l'objet sexuel ou le sentiment opposé, le désir de se faire souffrir soi-même, est la forme de perversion la plus fréquente et la plus importante de toutes[2] »,

1. Caroline Loeb, « Mistinguett, Madonna et moi », spectacle de music-hall, 2009.
2. Sigmund Freud, *Trois essais sur la théorie de la sexualité*, Paris, Gallimard, 1905.

écrivait celui qui ne loupait pas un de ses récitals pour un empire lorsqu'il était en voyage à Paris ou qu'elle était en tournée à Vienne. De 1926 à 1939, il a même entretenu une correspondance avec elle en lui expliquant, lettre après lettre, l'objet de sa fascination. « Quelle impression avez-vous ressentie en m'écoutant ? Dans mon prologue que je vous envoie, trouvez-vous que je suis juste avec moi-même ? Ou suis-je dupe de moi ? » demandait la chanteuse à Freud, qui lui répondait aussitôt : « C'est beaucoup moins simple que la transparence du Moi, ce que vous mettez en avant. La personnalité de l'artiste n'est pas éliminée mais des prédispositions qui ne sont pas parvenues à se développer sont utilisées pour composer ses personnages sur scène et parviennent ainsi à leur donner un caractère d'authenticité. » L'idée qu'Yvette Guibert puisse camper toutes les femmes dans son tour de chant – « les coquettes, les vertueuses, les criminelles, les ingénues » – avait conquis le médecin viennois. Même à la fin de sa vie, il continuait de vouer à la chanteuse une vénération adolescente et chaste, qu'il confessait ne pas complètement maîtriser : « Quand elle chante, je ressens du génie[1] », commentait-il simplement, ce qui faisait rire tout en émouvant son Yvette en secret, et lui donnait envie de transgresser encore davantage les clichés de son époque.

1. *Id.*, *Correspondance. 1873-1939*, Paris, Gallimard, 1979.

Bien longtemps après, en 1969, la France du général de Gaulle est guindée et conservatrice à n'en plus pouvoir. Les barricades, Janis Joplin et Bob Dylan sont peut-être passés par là, mais rien n'y fait. La bonne vieille ORTF est encore, et pour longtemps, sous la coupe du gouvernement. Cinq ans auparavant, la présentatrice Noëlle Noblecourt a fait scandale en mettant une jupe qui lui arrivait aux genoux pour animer *Télé dimanche*. La sentence est tombée comme un couperet : elle a immédiatement été licenciée, malgré deux cents lettres de protestations arrivées rue Cognacq-Jay. On est loin des outrances d'Yvette Guilbert !

Dans les variétés, seule Denise Glaser, avec son immense talent d'intervieweuse, propose un espace d'introspection aux artistes. Sinon, le ton n'est pas franchement à la psychanalyse... Les yé-yé sont ultra-populaires mais leurs paroles sonnent souvent très creux aux oreilles des poètes, qui freinent des quatre fers quand il s'agit de se dire de la « grande famille de la chanson ». Parmi les plus récalcitrants, Serge Gainsbourg. « Je ne suis sûrement pas un héros populaire. Je ne fais pas la chanson qui rase les murailles sur des trottoirs suintants. Les chanteurs français pleurent tous, manquent de virilité. Ils veulent faire croire à la midinette qu'elle pourrait les consoler[1] », dit-il à un journaliste de *Musica*. « Aimer Gainsbourg, c'était déjà en soi se révolter contre la vieille France. Je me souviens de moi à la chambre de la Cité U, en train de lire Hannah Arendt et Michel Foucault, avec du Gainsbourg en fond sonore, pendant que, dans la chambre d'à côté, ils regardaient Guy Lux. Il y avait vraiment deux France à l'époque. On regardait la variétoche avec beaucoup de condescendance. On pigeait déjà que la télé était commerciale et que les poètes allaient être de moins en moins à l'antenne. On voyait les choses arriver et on savait que Gainsbourg était l'un des derniers survivants », explique Judith, agrégée de lettres modernes, enseignante à la retraite et fan de la première heure du chanteur.

En effet, si l'homme à la tête de chou sacrifie volontiers à la facilité pour des « millions de dollars » en écrivant « Poupée de cire, poupée de son » à l'attention de France Gall à l'occasion du grand concours de l'Eurovision, comme il aime à l'assumer, hors de question de « se prostituer » dans la totalité de son œuvre. « Qu'est-ce que c'est, "Poupée de cire, poupée de son" ? 45 millions ! À part ça, rien[2] ! » « Gainsbourg a eu besoin de faire une

1. Serge Gainsbourg, *Musica*, 1964.
2. Interview de Serge Gainsbourg par Denise Glaser, *Discorama*, ORTF, 13 mars 1966.

œuvre transgressive. "L'ami Caouette", c'était pour bouffer. Si on ne devait garder qu'un seul album de lui, ce serait *Histoire de Melody Nelson*, et je crois que cela vaut pour la plupart de ses inconditionnels. Parce qu'il a été complètement libre dans l'écriture et la musique, parce qu'il a voulu tout balancer à la gueule de ceux qui le prenaient pour un snob, une bonne fois pour toutes. Mais ma chanson préférée restera pour toujours "Je t'aime, moi non plus" pour une raison très simple : c'est sur elle que j'ai fait l'amour la première fois. Ces choses-là, on ne les oublie pas », confie Judith. Trois ans avant *Melody Nelson*, Gainsbourg écrit en effet « Je t'aime, moi non plus » pour Brigitte Bardot, dont il s'éprend éperdument, mais qui lui préférera finalement les charmes du milliardaire Gunter Sachs. C'est à Jane Birkin, son grand amour, que revient le privilège d'enregistrer ce duo suffoquant, transpirant, parfaite réalité immersive dans les ébats sexuels du couple, dans laquelle il s'agit d'attendre tous ensemble une éjaculation sans cesse remise à plus tard.

À sa sortie, le morceau provoque un scandale à faire flageoler les genoux de Noëlle Noblecourt. Elle est censurée par le pape lui-même, qui obtient son interdiction formelle en Italie. Un coït dans une chanson ? Cela ne peut être que le totem d'une société dépravée, annonçant un déferlement d'exhibitionnisme. Le Vatican émet un véto sans discussion. « Le pape a été notre meilleur attaché de presse », constate Jane Birkin. « J'ai rougi complètement quand j'ai entendu ça et je n'ai jamais voulu la réentendre[1] », dira-t-elle pourtant à Denise Glaser. C'est là, entre provocation et gêne, indécence et bienséance, que se situe le trouble. À l'aube des années 1970, le clivage en France entre les partisans du libertarisme et du traditionalisme se creuse. Gainsbourg le sait et persévère dans cette sorte de versatilité permanente, où l'amour est à la fois vu comme une traînée et comme une reine. « Non, maintenant, viens ! » met-il dans la bouche de Jane Birkin, jeune présence diaphane et androgyne aux antipodes de la vamp Bardot. Il y a dans « Je t'aime, moi non plus » cette exquise ambiguïté du jeu sentimental, dont parle Roland Barthes dans son *Fragments d'un discours amoureux* : « Suis-je amoureux ? Oui, puisque j'attends. L'autre, lui, n'attend jamais. Parfois, je veux jouer à celui qui n'attend pas, j'essaye de m'occuper ailleurs, d'arriver en retard, mais à ce jeu, je perds toujours. Quoi que je fasse, je me retrouve désœuvré, exact, voire en avance. L'identité fatale de l'amoureux n'est rien d'autre que : je suis celui qui attend. » Gainsbourg a lu Barthes à la lettre et cultive cette façon qu'a le

1. Interview de Jane Birkin par Denise Glaser, *Discorama*, ORTF, novembre 1971.

désir de se situer dans un interstice, de ne jamais tout à fait se partager sous peine de périr. L'aimé fait désirer l'aimant, à mi-chemin entre la déprise et la maîtrise. « L'amour physique est sans issue », affirme Gainsbourg. Comme un cri d'opprobre qui s'abattrait sur tous les fans de yé-yé, de refrains faciles et de sucettes. Le fantasme de la Lolita, tirée du roman de Vladimir Nabokov, n'est jamais loin.

En 1978, la protagoniste de son tube disco « Sea, Sex and Sun » n'a peut-être pas douze ans, elle vient cependant aguicher avec « ses petits seins de Bakélite » un homme de trois fois son âge. Gainsbourg vient titiller son auditeur. Il le sait : la sexualité sans un peu de perversité est d'un ennui mortel. Mais celle-ci est comme un explosif. Si l'on s'aventure dans certains dédales, certaines rues coupe-gorge, on peut immédiatement sombrer dans le crime. Mais si, au contraire, nous prêchons un refoulement permanent et ne succombons jamais à cet ardent langage sexuel, la vie s'affadit et se crispe. Sa grande amie Juliette Gréco, la muse des caves et cabarets de la rive gauche, le répète en 1967, dans son « Déshabillez-moi » anthologique, écrit par Robert Nyel et composé par Gaby Verlor : il s'agit de bien choisir les mots. Tout est fragile, exactement comme dans un doigté érotique qui serait interrompu par une maladresse. Erreur fatale de savoir-faire. La chanson obéit aux mêmes sortilèges, avec cette « délicatesse », cette « souplesse » des doigts à l'œuvre.

Il faut déshabiller, mais pas tout de suite, pas trop vite… La chanson devait à l'origine être offerte à une strip-teaseuse dont l'auteur était tombé éperdument amoureux. Elle est arrivée dans la boîte aux lettres de Gréco, déjà adorée par Raymond Queneau, Jean-Paul Sartre et Boris Vian. C'est elle qui a eu l'idée d'ajouter : « Et vous… Déshabillez-vous ! » à la toute fin de la chanson. Boycotté par RTL, Europe 1 et France Inter à sa sortie, le morceau provoque la bonne pensée bourgeoise de l'époque. L'audience de ces radios étant essentiellement familiale, la censure en dit également long sur l'atmosphère dans les chaumières à l'aube des événements de 1968. Même si Georges Brassens et son irrévérence sont déjà passés par là, une femme se déshabillant ne fait toujours pas bon effet. À la suite de la Gréco, quarante ans plus tard, l'éhontée Élisa Tovati incarnera la société de laquelle elle est issue, et nous sommes alors très loin du patriarcat des sixties. En 2006, on vante les avantages du sex-toy et des plaisirs solitaires. Pourquoi ne pas préférer un hologramme, qui disparaît une fois que l'on s'en est servi ?

Dans « Cinq minutes pour moi toute seule », Élisa Tovati, comme Juliette Gréco, évoque des doigts dans sa chanson, à une différence près, et pas des moindres : il s'agit des siens. Ceux de l'autre sont superflus. L'autre demeure absent, en retard. La chanteuse ne lui en veut pas, au fond.

Élisa Tovati dépeint « comme une sorte de prière qui fait fondre toute colère » un amour qu'elle se porte à défaut de le déporter sur quelqu'un d'autre.

Toutefois, pour être tout à fait honnête, la dimension tactile des raffinements masturbatoires était déjà à l'honneur en juin 1989, dans la chanson « Goodbye Marylou » sur l'album *Kâma-Sûtra* de Michel Polnareff. En pleine ère du Minitel rose, le chanteur et Jean-René Mariani ont l'idée de ce texte. La légende raconte que son interprète l'a écrit pour une standardiste de l'hôtel Royal-Monceau, où il passait alors quelques jours. Plus prosaïquement, Polnareff jure l'avoir imaginé chez lui, à Fontenay-Trésigny, après ses années d'exil aux États-Unis[1].

Le double sens érotique est à peine voilé, mais suffisamment pour que l'équivoque soit entretenue et que les garants de l'ordre public ne crient pas à l'attentat à la pudeur. Pour comprendre, il faut le vouloir. Le pianiste et mélodiste pop a choisi

1. Interview de Michel Polnareff, « Retour sur la chanson culte "Goodbye Marylou" », Nostalgie, 16 novembre 2018.

la ruse et les chemins détournés pour pointer la dimension éminemment sensuelle des correspondances électroniques. Le clavier se meut ici en croupe incendiaire, mais dans une délicatesse syntaxique défiant tous les papes et toutes les palpes.

Cela rappelle les poèmes érotiques à décrypter que s'envoyaient George Sand et Alfred de Musset, sous la forme d'acrostiches dissimulateurs de fantasmes. Les deux amants usaient souvent de cette figure de style qui consiste à entreprendre une lecture verticale pour découvrir des phrases cachées. Sand écrivait à Musset :

> Que vous aviez toujours une envie folle de me faire danser
> Je garde le souvenir de votre baiser

« L'envie folle de se faire baiser » se cache derrière les formules toutes faites et la tendre affection. Il s'agit de lire entre les lignes[1] !

---

1. George Sand, Alfred de Musset, « Ô mon George, ma belle maîtresse », Paris, Gallimard (Folio), 2010.

UNE AFFAIRE DE MÈRES

Le goût de la simplicité et l'ardeur de la transgression ne suffisent toujours pas à éclairer une telle faim de chansons d'amour à toutes les époques. La psychanalyse explique le manque perpétuel que ressent l'être humain par sa nostalgie d'un monde définitivement perdu. Sans manque, point de désir. Nous sommes tous imparfaits, inachevés, avec une fringale de choses capables de nous sortir de l'ennui.

Dans son album *Osez Joséphine*, sorti en 1991, Alain Bashung décrit la quête interminable d'un amour hors norme, inhabituel, et donc inusable. Céleste, par essence, tout simplement car il n'existe pas sur Terre. S'il existait, nous ne pourrions pas en manquer. CQFD. Seulement voilà : nous cherchons et ne trouvons donc jamais ce qui pourrait vraiment nous contenter. « La faim dans ma tête, c'est un manque qu'aucune nourriture terrestre ne peut combler[1] », écrit Sophie Adriansen dans son roman *Le Syndrome de la vitre étoilée*. Et pour cause ! Le bonheur « total » est toujours remis à plus tard. Ce n'est jamais tout à fait « ça ».

1. Sophie Adriansen, *Le Syndrome de la vitre étoilée*, Paris, Fleuve, 2016.

D'où vient cette insatisfaction chronique ? Dans la Vienne de l'orée du XXe siècle, Sigmund Freud a posé les bases de ce qui deviendrait la psychanalyse. Il s'échinait à trouver les causes des tourments de la bonne bourgeoisie autrichienne. D'où pouvaient bien provenir les névroses, psychoses et perversions qui hantaient les salons, cabinets et hospices de la Vienne d'avant-guerre ? Freud a théorisé l'existence de l'inconscient et cru dur comme fer à un sens secret, une dimension cachée qui régirait nos pensées, nos actes et nos fantasmes. Au médecin et à son patient de découvrir cette dimension, par la règle de la libre association d'idées. « Dites-moi ce qui vous vient à l'esprit en vous censurant le moins possible[1] », demandait-il. Son pari était, somme toute, assez simple : en acceptant de dépasser sa pudeur, l'analysant allait enfin pouvoir éclairer le contenu refoulé de ses pensées et accéder à sa vérité. Déjà, Freud croyait au rôle déterminant du premier environnement affectif, et maternel au premier chef, dans la vie de chacun. Enfant aîné adoré de sa mère, Amalia, il en savait quelque chose et a toujours soutenu qu'il devait sa réussite éclatante à cette femme. Elle l'a mis sur un piédestal et l'a nettement préféré aux autres membres de la fratrie en lui offrant, par exemple,

1. Jean-Louis Baldacci, « Dites tout ce qui vous vient », dans René Frydman, Muriel Flis-Trèves (dir.), *Tout dire ? Transparences du secret*, Paris, Puf, 2012.

une chambre pour lui tout seul alors que ses frères et sœurs devaient cohabiter. Même s'il avait l'intuition que l'amour maternel était le plus égoïste des sentiments, Freud ressentait la puissance que ce dernier était capable de conférer. À l'inverse, il observait bien, à travers ses patients, combien les carences en la matière menaient à la conviction de ne rien valoir, pour soi et pour les autres.

L'éducateur Fernand Deligny utilise la métaphore du caneton pour l'expliquer : « Un caneton est pourvu, de manière innée, d'une façon de nager latente. S'il n'y a pas d'eau dans les environs, nager n'a pas lieu et reste nul et non advenu. Le maternel, celui du père, de la mère ou des soignants, c'est cette eau sans laquelle les capacités du nourrisson n'existent pas[1]. »

Comme en s'inspirant de la chanson de Luis Mariano, « Maman la plus belle du monde », la psychanalyse a donné un rôle primordial à l'amour inconditionnel de la mère dans le destin psychique de chacun. En nous mettant au monde, en nous « jetant dedans », aurait dit le philosophe Heidegger, nos génitrices ont pris une sacrée responsabilité ! Le paradis de notre enfance, du temps où notre mère nous choyait, où toute son

1. Fernand Deligny, *Les Vagabonds efficaces*, Paris, Dunod, 1998.

attention était orientée vers nous, serait le ferment de notre inépuisable « nostalgie ». Mais d'ailleurs, que signifie ce mot employé à tort et à travers ? En grec ancien, il veut dire « retour ». Or, de quel retour parle-t-on, sinon de celui vers la première terre, le premier pays, le premier regard ? Ainsi, le « spleen », ce mal de vivre que nous éprouvons aux grandes heures de nos échecs, de nos lassitudes, est souvent rattaché au regret d'un état d'âme ancien.

Composée par Laurent Voulzy et écrite par Alain Souchon dans l'album *Jamais content*, en avril 1978, la chanson « Allô maman bobo » est née d'une simple remarque du frère de l'auteur, guide de haute montagne et habitué aux sommets enneigés. Alors que les Souchon étaient partis au ski ensemble, le moins sportif d'entre eux, Alain, a chuté et dévalé, effrayé, quelques mètres. Dans l'énergie du désespoir, déjà le postérieur dans la neige, il a alors crié « Maman ! », ce qui n'est pas tombé dans l'oreille d'un sourd. Son frère le lui a longtemps rappelé en faisant germer l'idée, dans la tête d'Alain Souchon, de ce texte plaintif et sensible, aux allures d'innocente confidence.

J'marche tout seul le long d'la ligne de ch'min d'fer
Dans ma tête, y a pas d'affaire
[...]
J'suis mal en campagne et mal en ville

Peut-être un p'tit peu trop fragile
Allô maman, bobo
Maman, comment tu m'as fait j'suis pas beau[1]

« C'était mieux avant ! » nous serine notre nostalgie, quand nous sommes mal à l'aise dans nos habits d'adulte, comme Alain Souchon. Mais quelle époque évoque-t-elle, de sa voix blasée ? Celle où nous ne connaissions pas encore la dureté du monde, où nous ne regrettions pas encore notre enfance ? Le pédiatre anglais Winnicott a constaté combien cette époque rêvée, idéalisée, était souvent reliée, dans nos représentations, au temps où une figure protectrice, bienfaisante, veillait sur nous et savait nous tranquilliser par sa seule présence. « Si vous voulez décrire un bébé, vous vous apercevrez que vous décrivez un bébé et quelqu'un d'autre. Un bébé ne peut pas exister tout seul, il fait essentiellement partie d'une relation[2] », écrit-il. Il faut bien se séparer de cette présence rassurante qu'est la mère. Quand nous n'en avons pas fait le deuil, une angoisse peut altérer notre « sentiment de continuité d'être ». Ainsi, Kendji Girac va au fait quand il parle des « yeux de la Mama », cette Mama qui « l'a porté avant le monde et le porte encore chaque seconde ».

1. « Allô maman bobo », paroles d'Alain Souchon, musique de Laurent Voulzy, 1978, © Éditions Alain Souchon.
2. Donald Winnicott, *Le Bébé en tant que personne*, Paris, Payot, 1947.

Ce portage, qui nous a été indispensable et sans lequel nous serions tout bonnement morts de solitude, est notre première histoire d'amour. La célèbre chanson de Michel Delpech paraît condenser la nostalgie de la première figure féminine, ou de son substitut, dans la vie de chacun.

Qu'est une véritable mère symbolique sinon celle qui « paye pour nous », comme Laurette dans la chanson ? Elle nous acquitte ainsi de la facture de l'existence, peut-être par bienveillance, sûrement par culpabilité de nous avoir mis au monde et de nous avoir demandé de vivre sans elle. Laurette est regrettée car la vie l'a arrachée à ceux qui l'aimaient. Qu'elle est loin, sa façon de « nous appeler ses gosses ». Elle est ainsi comme toutes ces figures familières qui nous inspirent tendresse et sollicitude. On ne peut pas les oublier sur le chemin, cela reviendrait à nous trahir nous-mêmes. D'ailleurs, Souchon l'a découvert à son insu : quand nous tombons de nos skis, nous crions « Maman » spontanément, quitte à rougir juste après quand notre frère nous nargue. La chanson est finalement d'abord là pour redonner vie à ces présences perdues, ces passants déjà lointains dans nos mémoires, qui nous sont parfois essentiels sans même le savoir. France Gall souligne le manque laissé par la mère quand elle s'absente de notre vie, la peur de ne pas pouvoir faire sans elle dans cette société individualiste, où tout n'est que fard et faux-semblants.

Dans « Si maman, si », France Gall s'interroge tout au long de la chanson : que dirait sa mère de sa vie vide et dénuée de sens ? Un sentiment d'absurdité règne. Quand l'amour de celle que nous aimions le plus au monde est parti, qu'est-ce qui nous retient encore à l'existence ?

« C'est drôle, cette chanson me rappelle une époque où je m'étais disputée avec ma mère. Je devais avoir vingt-deux, vingt-trois ans. Ma sortie d'adolescence ne s'était pas faite sans difficultés. Je chialais à chaque fois que j'écoutais cette chanson à la radio, ce qui m'enfermait dans un paradoxe intenable. Un jour, j'ai pris conscience de ma connerie et j'ai saisi mon téléphone pour la joindre. Je suis peut-être sortie de l'adolescence ce jour-là », raconte Lucie au sujet du titre de France Gall et de l'impact qu'il a eu sur elle. Une mère, on la déteste et on la pleure. On la fait souffrir mais on pense tous les jours à elle. Comme une figure à l'intérieur de notre paysage psychique, que nous avons parfois besoin de mettre à distance, surtout pendant l'adolescence et les quelques années qui lui succèdent.

En répétant son lancinant « Maman », comme un cri de détresse, Louane aussi regrette ce temps premier, celui où sa mère pouvait panser toutes ses peurs. « Tous mes amis sont partis, mon cœur a déménagé », lance France Gall au tout début de sa chanson. « Les amants passent de lit en lit, dans les hôtels, sur les parkings », poursuit Louane. Le ton est donné : l'amour inconditionnel de la mère a laissé place à des liens éphémères, où l'autre peut à tout moment nous quitter sans devoir s'acquitter de quoi que ce soit. C'est l'âge adulte et sa liberté, mais aussi et surtout sa peur du lendemain.

Dans « Le grand sommeil », extrait de son album *La Notte*, en 1984, Étienne Daho laisse percer l'ombre du premier amour dans tous ceux qui lui succéderont. La promesse d'inconditionnalité, d'idéalité, apparaît chaque fois que nous voyons dans l'autre une raison de vivre. Nous voulons croire à l'éternité du sentiment ! Et pourtant, la fugacité règne. Le principe de réalité nous le montre même si nous nous échinons à ne pas le regarder en face : pas d'amour inconditionnel autre que celui des premiers liens d'attachement. La sentence est irrévocable : à chacun sa mère. Nul ne nous aimera comme on aime son enfant. Nul ne nous tirera donc de ce premier abandon. Il faudra bien nous y résoudre, à tout prix, sous peine de rester figé dans un regret.

La mort de la mère a été le thème de l'une des plus grandes chansons du répertoire français :

« La Mamma ». En 1963, Robert Gall, qui n'était autre que le père de France Gall, a écrit ce titre pour Charles Aznavour alors même que sa propre mère venait de mourir. Il a choisi de situer la scène en Italie, patrie de la nostalgie s'il en est, où tous les sentiments sont vécus de façon dramatisée, comme pour vérifier qu'on les éprouve.

Le chanteur a d'abord craint le caractère théâtral de ce texte invocatoire, mais il a finalement accepté de le prendre à bras-le-corps, en y reconnaissant la générosité arménienne, cachée derrière l'air grave et impassible des mères de son peuple. Robert Gall n'a pas hésité à faire l'analogie entre la maman et la Vierge Marie, Pietà malheureuse sous la croix de son enfant supplicié. Pas de doute : la mère italienne est une religion. Les enfants qui reviennent vers elle au dernier soir de sa vie partagent tous cette ferveur, cette déférence. Même Giorgio, « le fils maudit », dont Gall ne dit pas grand-chose. Et justement ! La chanson est l'art de l'ellipse, grande maîtresse de l'allusion, de l'effleurement. Qui est ce fils ingrat, malhonnête peut-être ? Place à l'imaginaire de celui qui écoute. « Quand un vieillard meurt, c'est une bibliothèque qui brûle », dit un proverbe africain. Et quand une mère meurt ? La bibliothèque n'est sans doute pas la même mais elle contient la même somme de données précieuses, qui ne se perdent, cela dit, jamais tout à fait. Grandeur de la transmission ! C'est ainsi que les figures maternelles se perpétuent depuis le fond des âges, fonctionnant comme une mémoire nourricière, un lien indissoluble. « Quoi que l'on fasse, qui que l'on soit, nous revenons toujours gueuler sur la tombe de notre mère comme un chien abandonné[1] », semble répondre Romain Gary à Charles Aznavour.

1. Romain Gary, *La Promesse de l'aube*, Paris, Gallimard (Folio), 1960.

SI NOUS NOUS APPELIONS TOUS MÉLANCOLIE ?

Quelque chose se prolonge-t-il après l'enfance, après les premiers renoncements, comme la persistance d'une mémoire sensorielle, affective ? Une mémoire qui chercherait à s'ancrer ailleurs, à revivre un sentiment d'éternité ? La chanson de Joe Dassin, « Si tu t'appelles mélancolie », parue en 1974 sur l'album éponyme, est sans équivoque.

À écouter ces paroles signées Pierre Delanoë et Claude Lemesle, la solitude serait familière à chacun. Nul ne pourrait y être parfaitement hermétique. Nous saurions tous ce que signifient les mots « solitude », « habitude », « lassitude »… Or, Joe Dassin tente de transgresser cette malédiction universelle. Le chanteur véhicule une philosophie pleine d'espoir : il suffirait de connaître l'incompréhension, d'être déjà passé par l'errance, le ratage et le regret pour pouvoir faire la route « ensemble ». À qui s'adresse Joe Dassin quand il prononce ce mot magique : « ensemble » ? À « tu », un simple pronom, qui n'est même pas genré. Il s'adresse à la fois à tout le monde et à personne, dans une volonté délibérée de généraliser son optimisme forcené.

Joe Dassin n'est pas tout à fait d'accord avec le psychanalyste Jacques Lacan. Des années après Sigmund Freud, Lacan est allé très loin dans ses recherches sur l'origine de la mélancolie[1]. Il a pointé la dimension complètement imaginaire de notre attachement à l'autre. Tout serait faux-semblants sociaux, même l'amour prétendu inconditionnel des mères pour leur bébé ! Jacques Lacan a d'ailleurs mis en garde ses auditeurs contre les dangers de l'espérance… À force d'attendre quelque chose qui ne vient jamais, de croire en l'amour, d'être perpétuellement déçu par celui-ci, on finit par se jeter par la fenêtre ! Alors qu'admettre l'imperfection du monde, renoncer à ce goût d'absolu, à la nostalgie d'un monde idéal, c'est pouvoir vivre délivré de bien des souffrances. C'est aimer… mais pas trop. Sans s'emballer.

Seulement voilà, messieurs-dames, quelle tiédeur ! Parfois, nous avons besoin d'y croire, de tomber amoureux, d'être malheureux, de vouloir tout

---

1. Jacques Lacan, *Le Séminaire*, Livre X, *L'Angoisse*, texte établi par J. A. Miller, Paris, Seuil, 1963.

recommencer. Irrésistiblement. Finalement, la tempérance n'est pas humaine non plus. En 1988, Marc Lavoine nous le murmure : l'amour est bel et bien un crime, un véritable hold-up du cœur. Dans « Elle a les yeux revolver », en s'éprenant de cette « fille larguée et seule sur la Terre », il signe un pacte avec le diable et pressent bien qu'il va perdre sa quiétude, sa sérénité en cédant aux sirènes de la passion folle.

Elle a les yeux revolver
Elle a le regard qui tue
Elle a tiré la première
M'a touché, c'est foutu[1]

« C'est foutu », répète-t-il tout au long du refrain. Mais il y va quand même. Et c'est pour cela que les chansons d'amour règnent. « On écoute des trucs tristes pour avoir mal. C'est plus fort que nous, je pense. Toutes les filles ont vécu cet après-midi foutu à cause d'un lapin, au fond du lit avec du Nutella et leurs yeux pour pleurer. Et là, au lieu de nous remonter le moral en matant une série marrante, on a souvent tendance à aggraver notre cas en écoutant une playlist dépressive. Il faut l'assumer : nous aimons effectivement avoir mal, y aller vraiment à fond pour passer à autre chose ensuite », constate Clémence.

1. « Elle a les yeux revolver », paroles de Marc Lavoine, musique de Fabrice Aboulker, 1985, © Société Avrep / Les Éditions du 44 / Moksha Productions.

Écrite par Toto Cutugno en 1975, « L'été indien » de Joe Dassin doit beaucoup à la trompette de Pierre Dutour. Mais elle doit aussi à une interprétation très mélancolique. Plutôt connu jusque-là pour des rengaines à l'américaine, Dassin chante à voix basse ces paroles désabusées. « Aujourd'hui, je suis très loin de ce matin d'automne », constate-t-il alors que la trompette joue de plus belle. L'amour éternel était une illusion. La croyance est venue se fracasser sur le principe de réalité. Tragédie de l'amour ! La peur de celui qui aime est de ne pas pouvoir continuer d'exister sans la présence rassurante de l'être adoré. C'est cette hantise qui rôde et dont les chanteurs témoignent dans leurs textes les plus empreints de mélancolie. Avec son « Amoureuse », Véronique Sanson évoque, elle aussi, la folie laissée par l'absent.

Elle décrit bien l'impression lancinante que la vraie vie était avant, du temps où l'autre nous comblait. Bien sûr, ce temps est idéalisé parce que passé. Il ne reste plus rien à celui qui a perdu l'objet de son ravissement. Face au manque d'amour, la folie est la seule échappatoire, une folie extralucide. La chanteuse Suzanne aussi en fait l'aveu : il ne reste que la création aux déçus de l'amour. Écrire des chansons tristes, voilà à quoi elle se condamne dans un appartement soudain trop grand pour sa taille, rendu vide par le départ de l'adoré.

Suzanne s'inscrit dans la mouvance du réalisme. Si l'apparition des chansons, en décasyllabes puis en alexandrins, au luth puis au clavecin, date de la fin du Moyen Âge, la chanson réaliste prend son essor dans les premiers cafés chantants, en 1830, alors que le naturalisme à la Zola bat son plein dans la littérature. On aime à dépeindre la vie déclassée des marginaux de la Canebière, les amours bouleversantes dans les bouges et les ruelles mal éclairées de la capitale. À la lampe à pétrole, à la chandelle, un verre d'absinthe à la main, on y garde son chapeau, on y rencontre des riches, des ouvriers, des prostituées, tous à la même enseigne devant les quelques interprètes de la soirée, venus pousser la chansonnette pour nous faire oublier la rigueur de l'hiver. Dans son Montmartre, Aristide Bruant a été le précurseur de la chanson réaliste, celle-ci s'est davantage prêtée à l'âme féminine, dont Marie Dubas, Berthe Sylva et Fréhel furent les premières voix.

Bien avant Suzanne et son appartement vide, Damia chantait l'absence et la lâcheté, ferments du ressentiment. « Sombre dimanche », écrite par le Hongrois László Jàvor, fut interdite dans la plupart des cabarets de Budapest, décriée pour son trop grand pessimisme. En 1941, Billie Holliday choisit aussi de la mettre à son répertoire… mais elle est également censurée par la BBC ! « En pleine guerre, lui rétorque-t-on, nous n'allons pas inviter l'auditeur à se suicider en lui proposant des chansons déprimantes. » Toutefois, c'est à croire que les chansons tristes résistent à tout, même à la censure : la chanteuse de jazz américaine Sarah Vaughan, fort séduite par « Sombre dimanche », l'a reprise à son tour, ainsi que Lou Rawls, Ray Charles, Peter Wolf, Serge Gainsbourg, Sinead O'Connor, Marianne Faithfull, Sarah Brightman ou encore Sanseverino.

Pourquoi une telle passion mélancolique ? En 1969, Léo Ferré donne une explication tout à fait convaincante à cette obsession collective pour les chansons tristes. Il a écrit « Avec le temps » en deux heures et se plaignait souvent que cette « petite chose », c'est ainsi qu'il l'appelait, supplantait ses grands textes ciselés. Pour autant, il en venait lui-même à l'évidence : cette chanson-là allait droit dans le vif, dans le suintant, dans le viscéral.

Louis-Ferdinand Céline avait un mot pour dire l'indépassable en matière de littérature : c'est « final[1] ». Ainsi, quand l'amour, cette grande illusion, s'en irait, nous reviendrions seuls, irrémédiablement seuls dans le cosmos, comme dans la chanson « Les

1. Dominique Dhombres, « C'est final, La Fontaine », *Le Monde*, 29 novembre 2006.

uns contre les autres », de *Starmania*, l'un des premiers opéras-rock entièrement chantés, en 1979.

Luc Plamondon n'y va pas avec le dos de la cuillère dans ce texte d'abord interprété par Fabienne Thibeault puis repris par Maurane. Dans la comédie musicale, le personnage de Marie-Jeanne, la serveuse qui veut d'abord « cultiver ses tomates au soleil », se laisse lentement happer par un blues incurable. Elle finit par vouloir « s'allonger sur l'asphalte ». Elle trouve la vie insupportable tant les masques pèsent lourd sur les âmes. L'errance guette celui qui n'a plus de repère dans la nuit. Sans phare pour le guider, il questionne l'utilité d'exister. À quoi bon vivre si les choses restent insensées, si l'absurdité est notre seul et unique horizon ?

Nous ne pouvons finalement jamais tout à fait considérer l'amour comme une chose « qui s'en va ». Il y a de l'inconsolable dans l'air, et, avec lui, son cortège fait du *never more* ce « jamais plus » cher à Edgar Allan Poe. Quand c'est fini, c'est fini. Et c'est intolérable !

Cet amour me tue
Si ça continue
Je crèverai seul, avec moi
Près de ma radio
Comme un gosse idiot
Écoutant ma propre voix

Qui chantera
Je suis malade[1]

Les plus belles chansons d'amour naissent ainsi des plus grands chagrins. Serge Lama a connu une idylle sans lendemain avec une femme mariée, exilée au Maroc, qui l'a laissé un soir seul, dépossédé de ses mirages. Il a rédigé le texte de « Je suis malade » en deux heures et l'a proposé à Alice Dona, qui l'a mis en musique. Le suicide n'est pas loin dans ce lamento sans fond qui ne laisse aucune lumière poindre à l'horizon. « Je suis malade » est l'une des chansons les plus reprises du répertoire français car elle incarne, mieux qu'aucune autre, l'état dépressif auquel est en proie le mal-aimé, voué au ressassement et à l'autoflagellation. La solitude, voilà ce qui apparaît en filigrane de ces chansons d'hier et d'aujourd'hui, rêvant pourtant d'amour.

En 1965, Barbara évoque celle qui fait « les larges yeux cernés » et « le cœur à la traîne ». La « solitude » est, pour elle, un personnage que l'on trouve sur le pas de la porte aux heures les plus cruelles. L'auteure décrit une silhouette menue, discrète, impassible et pourtant entêtée, au seuil de chez elle. C'est une invitée que l'on n'attend pas, capable de nous ravir notre joie de vivre.

1. « Je suis malade », paroles de Serge Lama, musique d'Alice Dona, 1973, © P.E.S.L.

À la suite de Damia, Barbara a été, à sa manière, l'autre dame en noir de la chanson hexagonale. Au-delà des mots, elle a impliqué son corps tout entier dans sa quête passionnelle de la noirceur. Les chansons de Barbara sont des films de trois minutes, où elle parvient à nous faire visualiser les séquences en les décrivant d'une main de maître, à la manière d'un Visconti. Vienne s'ouvre sous nos yeux. Comme au cinéma.

Si je t'écris ce soir de Vienne
Oh que c'est beau, l'automne à Vienne
C'est que sans réfléchir, j'ai préféré partir
Et je suis à Vienne sans toi[1]

« Nous pouvons écouter un instrument sans penser au corps de l'interprète, pas une chanson[2] », constate Stéphane Chaudier. En effet, l'artiste est une surface de projection. Son interprétation rend ou non crédible le texte. Plus celui-ci se veut profond, mieux il doit être habité, vécu par celui qui le porte, comme le chante Lionel Damei.

Un peu de trac
Et puis le chant
C'est du spectacle de sentiments
Se mettre en quatre et même en sang
Pour mieux faire battre le cœur en grand[3]

1. « Vienne », paroles de Barbara, musique de Barbara et Roland Romanelli, 1972, © Warner Chappell Music France.
2. Stéphane Chaudier, « Chanson », art. cit.
3. Lionel Damei, « Le cœur en grand ».

Si, par malheur, l'interprétation est faible ou emphatique, on flirte alors rapidement avec le ridicule, le pire ennemi des interprètes réalistes.

Dalida, avec son accent et sa chevelure, a été l'une des plus grandes tragédiennes de la chanson française. Mélancolique jusqu'au bout des ongles, malgré des textes parfois plus légers, elle a su dire les blessures de l'amour, comme si les tissus de sa vie et de sa musique étaient indivisibles. « Dalida a une place assez unique dans la chanson dans la mesure où elle a traversé toutes les époques. Chanteuse réaliste, orientale, meneuse de revue, elle disait que les modes l'habillaient bien. Jacques Chancel lui a fait remarquer un jour que la mode pouvait même la déshabiller parfois ! Mais, au fond, je crois que Dalida est restée dans nos mémoires car elle chantait avec une sincérité constante. Elle disait que pour elle, le public avait le visage de l'amour. C'est une expression qui peut sembler surfaite, mais dans sa bouche, cela sonnait juste. Elle nous a tout donné », explique Benjamin, un admirateur inconditionnel de l'interprète de « Gigi l'amoroso ». Les auteurs peuvent façonner le chanteur, guider son destin, influer sur sa vie personnelle. L'artiste est dans une forme de soumission consentie, « par amour de l'art ».

Sortie le 17 janvier 1973, jour des quarante ans de l'artiste, « Paroles, paroles » est un duo avec Alain

Delon, qui dénonce la fausseté des beaux discours, aussi inconsistants que le vent. Le refrain tourne en boucle sur lui-même, enferme la chanteuse et l'auditeur dans une même perplexité émue, qui joue maladroitement l'indifférence. Les « caramels, bonbons et chocolats » sont doux-amers. Quand Dalida se suicide, en mai 1987, les confiseries deviennent des somnifères. C'est l'amour qui tire sa révérence. La vie mérite-t-elle d'être vécue s'il ne repose que sur de vaines promesses ? L'Italienne des faubourgs du Caire nous laisse en héritage cette question en suspension sur le vide.

AIMER QUAND MÊME

À voir le nombre de chansons de rupture dans le répertoire français et international, nous ne pouvons que constater l'ampleur du désastre… ou du sublime. Tout dépend de quel côté du rivage nous regardons les choses. En effet, la fonction cathartique de l'écoute est primordiale. « Nous sommes liés aux romantiques, comme Chopin et Beethoven, qui ont écrit la pop du XIXe siècle[1] », prévient Feu ! Chatterton. Ainsi, la nostalgie, la passion, le Moi en souffrance se retrouveraient inchangés, indomptés, à l'époque de Stendhal comme à l'époque de Jeanne Mas et à celle de Camille Lellouche. Écouter une voix exprimer tous ses tiraillements intérieurs, l'éprouver au plus profond de soi dans l'un de ces jeux de miroirs, c'est déjà panser les plaies laissées par le manque et le « déjà joué ». Le mouvement vers la musique est psychothérapeutique dans la mesure où il consiste à retraverser la négativité émotionnelle et y survivre. Il faut puiser la force de vie dans la création des autres, se régénérer au contact de leurs mots.

1. Feu ! Chatterton, interview, France Musique, 18 novembre 2021.

Magie de la sublimation, cette capacité humaine de transformer nos angoisses en œuvre d'art, ou en tout cas en sentiment de beauté.

Sur le plateau de Laurent Ruquier, Daniela Lumbroso aimait à citer Philippe Sollers : « Nous ne lisons jamais le même livre[1]. » Une remarque qui peut bien sûr s'appliquer à la chanson. Nous la percevons en fonction de nos référents, eux-mêmes ancrés dans notre vécu. Nous pouvons la vivre en simple esthète, auditeur curieux et attentif au vibrato de l'interprète, ou en fanatique inféodé à la moindre note, « devenant » le morceau, l'acceptant comme partie constituante de notre être. Nous ne l'écoutons jamais de la même manière à toutes les époques de notre existence. Pour autant, elle conserve sa fonction cathartique, et les chagrins d'amour ne sont pas les seules muses qui inspirent cette sublimation. La chanson peut aussi vanter la force indestructible des sentiments. Elle n'est alors pas déprimante mais profondément fervente !

En 1947, quand Georges Brassens rencontre Joha Heiman, il éprouve la certitude des beaux jours à venir auprès d'elle. Il baisse même son chapeau pour le lui signifier. Il se « fait tout petit devant une

1. *On n'est pas couché*, interview de Daniela Lumbroso par Laurent Ruquier, avril 2007.

poupée », comme dans sa chanson. Il la charme avec ses bonnes manières. Pourtant, le couple ne se mariera ni n'aura d'enfant. Ils ne vivront presque pas ensemble et cultiveront une présence sporadique à l'autre, pour ne pas gâcher le lien, pour ne pas détruire l'attachement immense entre eux. Joha et Georges sont encore ensemble… dans leur dernière demeure à Sète. « Quand on aime quelqu'un, on a toujours quelque chose à lui dire ou à lui écrire, jusqu'à la fin des temps[1] », nous rappelle Christian Bobin. Peut-être certaines chansons nous permettent-elles de l'éprouver au jour le jour, nous l'apprennent-elles, nous empêchent-elles de l'oublier.

« De l'aube claire jusqu'à la fin du jour », écrit Brel dans « La chanson des vieux amants »… Il est bien question de ne jamais laisser se tarir l'amour. Mais comment procéder pour cela ? Dédiée à la mère de ses trois filles, sa seule épouse, Thérèse, le texte est un cri contre le couple routinier et exclusif, qui se sépare à la moindre liaison adultérine, qui ne conçoit la sentimentalité qu'à travers la lorgnette de la fidélité des corps. Pour l'auteur, qui vouait une passion à Don Quichotte de la Mancha, le personnage de Cervantès se battant contre les moulins à vent, cette vision du couple repose sur

1. Christian Bobin, *Geai*, Paris, Gallimard (Folio), 2000.

un leurre absurde. Y a-t-il plus grande modernité, au temps de Gleeden et autres applications de rencontres extraconjugales ? « Je crois qu'un homme est un nomade. Il est fait pour se promener[1] », disait Jacques Brel, quatre ans après la sortie de « La chanson des vieux amants ».

Au-delà d'être une déclaration, cette chanson se veut aussi un plaidoyer pour le couple libre, capable d'inventer un alphabet sentimental sans se le laisser dicter la norme. Le « devenir adulte », ici assimilé à l'ennui et à la morosité, entre en collision avec la perpétuelle fraîcheur de l'épiphanie amoureuse. « Le couple est un projet de vie avec une durée, des activités communes, des enfants… C'est un espace où règnent des enjeux très forts : pouvoir, argent, famille, et où le quotidien est parfois pesant. Il est indispensable de préserver un domaine personnel pour s'épanouir, y compris pour vivre parfois d'autres amours que l'amour conjugal. Tout est alors question d'équilibre : pourquoi devrait-on remettre en cause son couple parce qu'on aime quelqu'un d'autre, alors qu'on continue d'aimer sa compagne ou son compagnon ? Pourquoi l'un devrait-il effacer l'autre ? N'est-ce pas tout simplement un conditionnement social, à l'origine de tant de divorces[2] ? » analyse l'écrivaine Fran-

1. Jacques Brel, « Je crois que l'homme est un nomade », interview pour la télévision belge, 1971.
2. Françoise Simpère, *Guide des amours plurielles*, Paris, Senso, 2009.

çoise Simpère, l'une des théoriciennes du polyamour en France. « Peut-être sommes-nous maintenant au-dessus ou plutôt par-delà l'amour ? Complices, gentils et tendres », se demande déjà Jacques Brel en 1967. Il nous quittera dix ans après avoir écrit ce texte inoubliable.

En 2000, Axelle Red célèbre aussi son amour pérenne. Toutefois il n'est pas question de lutinage ou de polyamour. Elle écrit sa chanson « Parce que c'est toi » lors d'une circonstance très particulière, alors qu'elle se trouve à Montréal en tournée. Une vague de froid hors du commun s'abat sur la ville, avec des températures de – 40 degrés Celsius, soit un record, même pour la région et pour la saison. Confinée dans sa chambre, dans ce climat gelé, Axelle Red se laisse aller à la confidence.

Le climat vigoureux du Québec a réveillé l'élan romantique de l'artiste. Sa chanson contient un besoin de chaleur humaine et de sécurité, qu'elle préfère assouvir plutôt que de sombrer dans la froideur des relations artificielles et narcissiques, sources de mensonges, de scansion abrupte, de culpabilité. Axelle Red joue l'aveu, alliance d'humilité et d'honnêteté morale. Elle évoque aussi sa propre peur de la solitude en présentant le couple comme une solution à l'angoisse existentielle. Cultivons ce que nous avons déjà sans céder aux sirènes de l'idéal. Vianney aussi, avec sa chanson « Reste », vante la méthode du « Faire au mieux » en invitant à l'humilité et à la tempérance pour durer en amour.

Le temps nous est compté, notre bonheur est toujours temporaire et il s'agit de rester « encore un peu », en cueillant les roses de la vie, comme dirait Ronsard. Ainsi, Vianney renoue avec la grande tradition épicurienne selon laquelle la règle est de jouir peut-être, mais avec parcimonie, en se méfiant de l'*hubris* des Grecs, ces excès qui peuvent nous emporter sur leur passage, à l'image d'une tempête canadienne. Le philosophe athénien l'assénait déjà au IVe siècle avant Jésus-Christ : « L'homme qui ne se contente pas de peu ne se contentera jamais de rien. Il est plus doux de donner que de recevoir. Et n'oublions jamais que ne pas avoir faim, ne pas avoir soif, ne pas avoir froid, avec l'assurance de ne jamais souffrir de cela à l'avenir, est la certitude de pouvoir couler des jours heureux[1]. » Mais comment faire durer une flamme vive et impétueuse après des années d'amour ? L'ardeur aussi permet d'être heureux, pourrait-on rétorquer à Épicure. Tout n'est pas que luxe, calme et volupté. Il faut brûler, bon sang ! Comment brûler et durer à la fois ?

1. Pierre Navarro, *Épicure. Une philosophie de la vie facile*, Paris, Ellipses, 2016.

La chanson « Que je t'aime » évoque une union indéfectible tant sur le plan sentimental que sexuel. La versification redondante et l'utilisation parfois abusive du cliché « Je t'aime » peuvent ô combien ruiner une mélodie, lui donner la franche apparence d'une musique d'ascenseur... Mais c'est sans compter la puissance d'interprétation de celui qui la véhicule. N'est pas Johnny Hallyday qui veut. En 1969, ce titre, écrit par Gilles Thibaut et composé par Jean Renard, prend place dans le récital de l'artiste au Palais des Sports. Johnny s'en empare en s'impliquant tout entier, corps et transpiration mêlés. Le « Que je t'aime » ronflant est transcendé ! Il sonne alors comme une véritable locution latine, à la façon d'un « *Alea jacta est* » radical. C'est fatal. Les deux corps nus doivent se retrouver. Il en va d'une évidence émue. Hallyday déclame le texte en y mettant la même fièvre qu'un halluciné visuel. On ne peut pas ne pas le croire. L'amour n'est pas mort ! « Johnny, il aimait dans la vie comme il chantait sur la scène. Il vibrait car derrière son personnage, il y avait un enfant mal-aimé qui a failli y passer plusieurs fois et qui se demandait s'il serait là demain. C'est un truc à la vie à la mort, Johnny. Quand on comprend ça, on peut l'écouter pour de bon », raconte Alain, son premier fan.

Quatre ans après « Que je t'aime », Michel Berger écrit pour Françoise Hardy « Message personnel ».

Les paroles de ce titre défient aussi, mais avec une autre énergie, le caractère fugace des sentiments. Ici, l'amoureuse attend, implacablement, son amant, dans un trouble qui paraît ne jamais avoir de fin.

Elle rêve que l'homme dont elle est éprise revienne – Françoise Hardy dira elle-même qu'elle adresse la chanson à Jacques Dutronc –, mais n'a pas le cran de provoquer le destin en l'avouant. Entre les lignes, elle nous susurre qu'aucun mot n'est digne d'être prononcé quand on aime. Aucun mot n'arrive à la hauteur de ce qu'il cherche à exprimer.

En d'autres termes, le message personnel de Françoise Hardy est fait de mots par défaut, parce qu'il faut s'abaisser à parler quand l'effluve de l'amour est précisément indicible. Parler quand même… Mais à quel prix ? Les mots ne font que remplacer une réalité impossible à atteindre, que nous nous évertuons juste à entrevoir, sur fond d'éternelle absence. Ce que nous persistons à vouloir décrire est en partie imaginaire, c'est ce qui donne aux évocations leur caractère perpétuellement inachevé. Enchantement et malédiction du langage. « Françoise Hardy, c'est l'émotion hors de soupçons et c'est pour cela que nous l'aimons. Elle chante son silence, sa pudeur, mais elle est si présente à elle-même qu'elle nous fait passer les plus petites vibrations de son âme. Quand elle a commencé dans le métier, elle était la seule Française à avoir une telle discrétion naturelle. Elle n'obéissait pas aux codes des chanteuses, elle était à côté. Et à force d'être seule à chanter comme elle chantait, elle a ouvert une voie et créé une mode », analyse Estelle, groupie de la première heure. Avec son « Hymne à l'amour », Édith Piaf paraît indiquer à Françoise Hardy la marche à suivre pour sortir du supplice chinois mutique. Les mots sont, pour elle, des armes de précision infaillibles.

Si tu meurs, que tu sois loin de moi
Peu m'importe si tu m'aimes
Car moi, je mourrai aussi[1]

Le 28 octobre 1949, quand son amant Marcel Cerdan meurt dans le crash, aux Açores, du vol Air France 009 reliant Paris à New York, Piaf porte ce titre à la scène. En matière de prophétie autoréalisatrice, on n'a guère fait mieux. La vie lui a arraché son amour et elle le hurle, le même soir, à son public, dans une synchronie à se damner. Les dévolus sont jetés ! Le télescopage des mots et des choses est frappant. La mort brutale de Marcel Cerdan apparaît comme l'acmé de l'hymne à l'amour de Piaf. La mort réelle de l'être aimé vient parachever l'œuvre. Le drame, par un sidé-

1. « Hymne à l'amour », paroles d'Édith Piaf, musique de Marguerite Monnot, 1949, © Éditions Raoul Breton.

rant concours de circonstances, s'est inséré dans la chanson.

Les chansons-madeleines

Parmi toutes les chansons citées dans ce chapitre, lesquelles ont réveillé un souvenir en vous, une émotion particulière, que vous aviez complètement occultée avant la lecture du livre ? La chanson a cette vertu, à la manière de la madeleine de Proust, de nous faire revenir à un instant décisif ou savoureux de notre vie, par le processus de réminiscence. L'écriture automatique est une méthode inventée par les surréalistes : écoutez une chanson et laissez courir vos sentiments sur une feuille blanche. Vous pourrez ainsi revisiter une sensation et l'exprimer en permettant à votre inconscient de divaguer. Bon voyage !

Cinquième partie

KIT DE SURVIE

Sans conteste, les moments amoureux sont les plus fructueux en matière de chanson. Ce que Louis Aragon dit dans son éternel poème, « Il n'y a pas d'amour heureux », se décline à travers « Les moulins de mon cœur » de Michel Legrand, l'« Amour désaffecté » d'Hubert-Félix Thiefaine ou « Je ne peux vivre sans t'aimer » d'Alex Beaupain. « Les histoires d'amour finissent mal… en général », nous murmure Catherine Ringer… Mais si les chansons s'en vont, leur souffle demeure, et avec lui, la litanie de nos regrets, de nos déroutes et de nos bonheurs.

Parfois, dans le vertige d'un instant d'amour, les chansons décident pour nous-mêmes. Nous avons le choix de nous y cramponner de toutes nos forces pour ne pas sombrer dans les précipices du chagrin, ou, au contraire, de les suivre pour nous laisser aller doucement à nos émotions. Après tout, ne faut-il pas toujours tomber pour se relever ? Pour terminer ce livre, voici un kit de survie destiné à tous ceux qui n'ont jamais dissocié la chanson de l'amour aux heures les plus chaudes, les plus belles, les plus désespérées de leur existence. Ces trois playlists sont inachevées. N'hésitez pas à les compléter par des morceaux auxquels vous tenez comme à la prunelle de vos yeux et que vous ne vous lasserez jamais d'écouter pour vous retrouver et accéder à votre sensibilité la plus intime.

PLAYLIST AVANT LE PREMIER RENDEZ-VOUS

« À bouche que veux-tu » de Brigitte

« Amoureuse » de Véronique Sanson

« Cœur grenadine » de Laurent Voulzy

« Demain là-bas peut-être » de Jean-Louis Aubert

« Divine idylle » de Vanessa Paradis

« En apesanteur » de Calogero

« Il suffirait de presque rien » de Serge Reggiani

« J'ai rendez-vous avec vous » de Georges Brassens

« J'ai ta main » de Benjamin Biolay

« J'arrive à toi » de Carla Bruni

« Le baiser » d'Alain Souchon

« Love me, please love me » de Christophe

« Ma déclaration » de France Gall

« Moi aimer toi » de Vianney

« Ondes sensuelles » de Matthieu Chedid

« Osez Joséphine » d'Alain Bashung

« Pas d'ami comme toi » de Stephan Eicher

« Pour un flirt » de Michel Delpech

« Qu'est-ce que t'es belle » de Marc Lavoine et Catherine Ringer

« Savoir aimer » de Florent Pagny

« Toi » de Barbara

« Waf » de Julien Doré

PLAYLIST DE COUP DE FOUDRE

« Au coin du monde » de Keren Ann

« Carrousel » d'Amir et Indila

« Crois au printemps » Matthieu Chedid

« Elle a les yeux revolver » de Marc Lavoine

« Il me dit que je suis belle » de Patricia Kaas

« Je t'aime moi non plus » de Serge Gainsbourg

« Je te promets » de Johnny Hallyday

« Je vais t'aimer » de Michel Sardou

« L'été indien » de Joe Dassin

« La robe et l'échelle » de Francis Cabrel

« Laisse-moi t'aimer » de Laurie Darmon

« Le coup de soleil » de Richard Cocciante

« Ma plus belle histoire d'amour » de Barbara

« Ma préférence » de Julien Clerc

« Mais je t'aime » de Grand Corps Malade et Camille Lellouche

« Mourir d'aimer » de Charles Aznavour

« Pour que tu m'aimes encore » de Céline Dion

« Que je t'aime » de Johnny Hallyday

« Une nuit sur son épaule » de Véronique Sanson

« Vivo per lei » d'Andrea Boccelli et Hélène Ségara

« Week-end à Rome » d'Étienne Daho

PLAYLIST DES CHANSONS DE RUPTURE

« Ça fait mal et ça fait rien » de Zazie

« Comment est ta peine ? » de Benjamin Biolay

« Dis, quand reviendras-tu » de Barbara

« Dites-moi » de Michel Jonasz

« Elle m'a dit » de Cali

« Fuir le bonheur de peur qu'il ne se sauve » de Jane Birkin

« J'ai attendu le printemps » d'Anne Sila

« Je reviens te chercher » de Gilbert Bécaud

« Je suis malade » de Serge Lama

« Je suis venu te dire que je m'en vais » de Serge Gainsbourg

« L'amour en solitaire » de Juliette Armanet

« La belle affaire » de Clio

« Le reste » de Clara Luciani

« Le temps passe » d'Emma Peters

« Maintenant je reviens » de Jean-Louis Aubert

« Me jette pas » de Renaud

« Ne me quitte pas » de Jacques Brel

« Puisque tu pars » de Jean-Jacques Goldman

« Puisque vous partez en voyage » de Françoise Hardy

« Que c'est triste Venise » de Charles Aznavour

« S'il suffisait d'aimer » de Céline Dion

« Semaine A / Semaine B » de Ben Mazué

« Tables séparées » de Dalida

« Tout c'qui nous sépare » de Jil Caplan

« Tu me manques » de Gaëtan Roussel et Vanessa Paradis

« Tu peux préparer le café noir » d'Eddy Mitchell

Peut-être avez-vous du mal à créer vous-même des playlists ? Afin de vous faciliter le travail, un conseil : repérez dans les chansons que vous aimez des mots particuliers et utilisez un moteur de recherche en tapant ce mot suivi de : « Chanson ». Cela vous permettra d'aller droit au but. Parfois, un seul mot-clé suffit pour vous faire découvrir d'autres morceaux sur le même thème, la même poétique. Par exemple, essayez avec le mot « baiser », si cher à Alain Souchon (« Le baiser » est l'une de ses chansons les plus célèbres), ou encore « Plage », un mot qui vous emmènera tant chez Brigitte Bardot que chez Niagara…

Épilogue

À bien y réfléchir, ce livre pourrait ne jamais s'achever. Soyons lucides : il y a tant de chansons et tant de trajectoires de vie qui leur sont attachées, indéfectiblement, dans un véritable cœur-à-cœur défiant le temps et l'espace… Nous avons tous une histoire si singulière avec ces « petits mythes » nous relatant un chagrin, une joie, une défaite, une victoire. Nous en avons tant en mémoire qu'il faudrait un livre par personne pour dire cet « essentiel » !

Tout au long de l'écriture de cet ouvrage à quatre mains, nous avons été surpris de constater à quel point la chanson occupe une place extraordinaire dans la vie de nos proches. Il suffisait d'évoquer le thème de notre travail à l'un d'eux pour qu'il pousse des cris d'enthousiasme. Il se mettait alors à nous parler, avec une étincelle dans le regard, d'une chanson d'enfance, d'un instant musical précieux, d'un coup de foudre pour une mélodie de trois minutes, devenue un symbole personnel. Et puis, par magie, une chanson en appelait une autre, et encore une autre, par ricochets, par l'une de ces associations d'idées si chères à la psychanalyse…

Avec une rengaine, nous nous envolons vers un pays, une atmosphère, une époque. Nous sommes attablés à une taverne, dans la liesse de tout un peuple, nous dévalons un boulevard, entrons dans une chambre. Nous sommes tour à tour romantiques et ironiques, persifleurs et solennels. Nous nous laissons aller au rythme des sonorités, au bonheur des mots. Un son nous berce si bien… mais nous le quittons pour la chanson suivante, qui nous emmène vers d'autres cieux, moins familiers, plus énigmatiques, encore à défricher. C'est le délice des retrouvailles ou le plaisir de la découverte. Il y a ainsi comme un parfum d'éternité dans ce dialecte populaire, qui résiste à toute vision d'ensemble. Une chanson, une seule, nous permet d'aborder une parcelle particulière du plus vaste territoire qui soit, celui de l'intime, zone rouge de déchirures, de passions, de rêveries laissées à l'état de velléités ou de grandes traversées destinales, portées par le souffle d'une utopie.

Certaines nous laissent seul, les bras ballants. D'autres nous donnent envie de nous unir, de nous battre, de nous sauver. Quand elle se termine, une chanson aimée nous laisse au cœur une sorte de vague à l'âme, de « déjà fini », qui ne nous incite d'ailleurs pas toujours à passer à la prochaine. Le silence qui lui succède est une sorte de dialogue avec le vide, ce vide d'après le songe éveillé, ce vide où l'on se répare, où l'on prend le temps de se retrouver.

L'amour pour la chanson, c'est l'amour pour l'humain, dans ce qu'il a finalement de plus partageable, de plus dicible. C'est approcher l'humain avec cette tendresse, dont parlait Bourvil dans sa chanson éponyme.

L'histoire que nous avons avec la chanson n'est pas près de se terminer, tant ce sont notre sentimentalité, notre aptitude à ressentir les belles choses de la vie qui s'éteindraient avec elle. L'amour de la chanson, c'est la « Divine idylle » chantée par Vanessa Paradis, la peine décrite par Benjamin Biolay, les refrains qui rappellent cette fameuse « Complainte de la Butte » de Cora Vaucaire, immortalisée par Mouloudji, puis par le film *Moulin rouge*.

Nous dédions ce livre à tous les créateurs de ces diamants, à la surface comme un miroir, qui ont projeté tant de lumière sur nos esprits amoureux.

table des matières

9 **Préface**
PAR ANDRÉ MANOUKIAN

11 **Introduction**

17 Daniela : « La chanson m'a sauvé la vie »

26 Joseph : « Des chansons tout au long de ma vie »

33 **Première partie**
LA MUSIQUE ADOUCIT (VRAIMENT) LES MŒURS

35 Une histoire de circuit dopaminergique

45 La musique, le meilleur des antistress

52 Gare à vos oreilles !

58 Romantisme musical

71 **Deuxième partie**
LES SECRETS DES CHANSONS D'AMOUR PAR DANIELA LUMBROSO

79 Julien Clerc : « Une visitation »

Des voix qui transcendent

83 Zaz : « La musique nettoie »

86 Eddy Mitchell : « Sans la musique, j'aurais braqué une banque »

90 Nicolas Maury : « Un garçon pas comme il faut »

93 Daniel Auteuil : « Un cœur trop plein d'émotions »

97 **Troisième partie**
CES CHANSONS QUI TRANSFORMENT LE CŒUR PAR JOSEPH AGOSTINI

100 Junie, pour l'amour de Cloclo

109 Martial, les chansons du deuil

117 Coline et Sébastien, dis-lui toi que je t'aime

125 Louis, viril en musique

134 Chloé et le frère qu'elle n'a jamais eu

145 **Quatrième partie**
LA CHANSON ET L'AMOUR, UNE SI LONGUE HISTOIRE

151 L'art complexe de la simplicité

162 Transgression, j'écris ton nom

174 Une affaire de mères

184 Si nous nous appelions tous mélancolie ?

195 Aimer quand même

205 **Cinquième partie**
KIT DE SURVIE

207 Playlist avant le premier rendez-vous

209 Playlist de coup de foudre

211 Playlist des chansons de rupture

215 **Épilogue**

Retrouvez les playlists du livre sur Spotify !

Les Chansons d'amour
guérissent le cœur du monde

Avant le premier rendez-vous

Coup de foudre

Chansons de rupture

Composition et mise en pages
Nord Compo à Villeneuve-d'Ascq

#lisez! engagé
Pour plus d'information :
www.lisez.com
Imprimé sur du papier issu de forêts gérées durablement.

Cet ouvrage a été achevé d'imprimer en janvier 2023
dans les presses de Normandie Roto Impression s.a.s.
61250 Lonrai (Orne)

N° éditeur : 64814/01 – N° imprimeur : (2206462)

Imprimé en France